그림책 페어런팅

Picture Book Parenting: Picture Book Reading to Understand the Developmental Psychology of 1-7 years old.

by Cecile Kim

Published by Hangilsa Publishing Co. Ltd., Korea, 2021

그림책 페어런팅

1-7세 발달심리를 이해하기 위한 그림책 독서

김세실 지음

Picture Book

Parenting

한길사

오늘도 그림책과 함께 성장합니다

프롤로그

　그림책에 대한 글을 쓴다면 어떻게 쓸까 고민해본 적이 있습니다. 그때는 에세이를 쓰겠다고 생각했습니다. 그림책에 기대어 소소하나마 저 자신에 대한 이야기를 펼쳐보고 싶었습니다. 하지만 정말로 책을 쓸 기회가 오자 마음이 바뀌더군요. 저의 첫 책은 제 이야기보다는 아이들 이야기부터 담아야 할 것 같았습니다. 현실의 아이들이 어떤 과정을 거쳐 발달하고 어떤 위기를 만나는지, 그때 그림책 속 주인공들이 어떤 도움을 줄 수 있는지에 관한 이야기 말이지요.

　방향을 정하고 나니 글이 술술 써질 것만 같았습니다. 그런데 기대와는 다르게 어떤 묵직한 마음이 저를 쭈뼛쭈뼛 눈치 보고 머뭇거리게 만들었어요. 제가 과연 이 책을 쓸 자격이 있는지를 스스로 되묻는 자격지심이었습니다. 저는 아이가 없습니다. 저의 아이 없는 삶은 당당한 선택의 결과가 아닌 긴 노력과 시도 끝에 어쩔 수 없는 포기이자 아픔입니다. 제 아이에게 그림책을 읽어준 적도, 첫 걸음을 떼는 모습을 본 적도, 아픈 밤을 함께 지새운 적도 없는데,

말 그대로 육아를 학문으로 배운 저의 글이 과연 진정성이 있을까 하는 걱정과 두려움이 앞섰습니다.

하지만 결국 용기를 냈습니다. 처음 그림책을 썼을 때도 아이가 없기는 마찬가지였지만 '제 안의 아이'를 믿고 시작했으니까요. 그로부터 지난 20년 동안 제 안의 아이는 제가 그림책 작가로, 번역가로, 기획자로 살아갈 수 있도록 언제나 든든하게 저를 지지해주었습니다. 때때로 벽에 부딪힐 때면 '그림책 속 아이들'도 도움을 주었습니다. 저는 그들의 빛나는 상상력과 따스한 공감, 강한 회복탄력성을 언제든 빌려 쓸 수 있었습니다. 더불어 제가 그림책 세상을 알기 전, 아동심리치료사로서 만났던 '특별한 아이들'과의 기억도 기꺼이 손을 내밀어주었습니다. 그들이 제게 건넨 사랑과 믿음은 저의 단단한 일부가 되었습니다. 흩어져 있던 삶의 경험들이 한데 모아져 시너지를 일으키듯이 그 모든 아이들이 이 책 안에서 만나 한 문장이 되고, 한 장을 이루더니, 어느새 이렇게 한 권의 책으로 세상에 나왔습니다.

이 책의 제목은 『그림책 페어런팅』입니다. '페어런팅'parenting은 부모가 자녀를 키우고 발달을 돕는 데 필요한 행동·기술·책임을 총체적으로 가리키는 말입니다. 우리말로 쉽게 풀이하면 '그림책 육아'라고도 할 수 있을 텐데 굳이 영어를 그대로 쓴 것은, 아이에게 더 많은 그림책을 읽어주고 다양한 독후활동을 하는 것만이 그림책 육아라고 여기는 통념과 선을 긋고 싶었기 때문입니다. 그것도 분명 그림책 육아의 한 부분이기는 하지만, 아주 적은 부분일 뿐입니다. 제가 말하는 그림책 페어런팅은 양육자가 아이의 발달과 그림책을 질적으로 이해하고, 그것을 바탕으로 아이가 그림책과 함께 발달 과제들을 성공적으로 성취하고 성장할 수 있도록 돕는 일입니다.

이 책에서 저는 1~7세까지 영유아들의 주요 발달 이슈들 중에서 그림책과 관련하여 유의미하게 살펴볼 이론과 연구들을 선택하고, 그와 관련된 그림책을 예로 들며 이야기했습니다. 이렇게 발달 심리와 그림책을 함께 설명하고 분석함으로써 그림책이 단순히 양육의 도구가 아니라 아이들의 발달에 절대적인 필요충분조건임을 강조하고자 했습니다. 어쩌면 독자들은 이 책이 발달심리 이론서인지 그림책에 대한 책인지 혼동되기도 할 것입니다. 그렇다면 성공입니다. 둘 다가 목적이니까요.

저를 그림책의 세계로 이끈 많은 책 중에 에즈라 잭 키츠Ezra Jack Keats의 그림책이 있었습니다. 모두 일곱 권의 대표작에서 주인공 피터는 유아에서 청소년으로 성장하며 눈앞에 놓인 발달 위기들을 스스로 헤쳐나갔고, 독자들에게 삶의 무한한 기쁨과 가능성을 보여주었습니다. 비혼이었고 아이를 키운 적 없는 키츠가 발달 이론을 참고했는지 여부는 모르겠지만, 피터의 발달 과정은 여러 이론과 정확히 들어맞았으며 제게 많은 통찰과 영감을 주었습니다. 저는 양육자들도 그림책을 통해서 저와 마찬가지의 도움을 얻을 수 있을 것이라고 믿습니다.

이 책에서 다룬 발달 영역은 감각·언어·인지·정서·자아 등 일반적인 발달심리학의 분류를 따랐습니다. 각 장마다 한 가지 발달 영역을 할애해서 자세히 다루었으며, 특히 애착·가족 환경·놀이 등 제가 더 강조하고픈 주제는 별도의 장으로 분리해서 다루었습니다. 글을 쓸 때는 제 의견은 뒤로 미루고 밝혀진 사실들을 구조화하여 더 쉽게 전달하는 데 초점을 맞추었습니다.

함께 소개하는 그림책은 숨겨진 좋은 그림책을 찾아내기보다는 가능하면 널리 알려지고 오랫동안 사랑받은 그림책 중에서 고르고자 했습니다. 그림책은 한 편의 예술 작품이기도 하기에 그림책의 선택에는 분명 취향의 요소가 작용합니다. 따라서 제 개인적인 선호를 배제하고 우리 집 책장에서, 도서관에서 쉽게 꺼내 볼 수 있는 그림책으로 논의를 전개하고 싶었습니다.

그림책은 아이가 만나는 최초의 문학이자, 미지의 세상을 보여주는 열린 창이고, 간접경험의 씨앗이며, 아이를 비춰주는 거울입니다. 그런데 그림책의 독자는 영유아뿐이 아닙니다. 책을 선택하고 소리 내어 읽어주는 전달자인 부모·조부모·교사 같은 어른들도 포함되며, 실제로 많은 어른들이 아이에게 그림책을 읽어주다가 되레 그림책에 매료되곤 하지요. 그러니 이 책에서 소개한 그림책들은 아이와 어른 모두를 위한 책이라는 것도 이야기해두고 싶습니다. 저를 성장케 했던 그림책이 우리 아이들을 성장시키고 더불어 아이에게 그림책을 읽어주는 어른들을 함께 성장시킬 수 있기를 바랍니다.

"이제 더 이상 쓸 내용도 없다. 난 홀가분해서 정말 날듯이 기뻤다. 책 쓰는 일이 이렇게 힘든 일이라는 것을 알았다면 정말 쓰지 않았을 것이다. 앞으로 절대 이런 일은 하지 않겠다고 마음먹었다."『허클베리 핀의 모험』 중에서, 열린책들, 2010

    원래 프롤로그의 마지막 단락을 이 문장으로 끝맺음하고 싶었습니다. 하지만 책을 다 쓴 지금, 저는 아직도 좀더 쓰고 싶은 부분들이 떠오릅니다. 책이 너무 두꺼워질까 봐 담지 못했던 그림책들이 무척이나 아쉽습니다. 홀가분해서 날듯이 기쁘기보다는 저의 부족함이 드러날까 봐 걱정이고, 제 글에 치우침이나 비틀어짐이 있을까 봐 걱정입니다. 그리고 다시 책을 쓰게 될지는 아직 잘 모르겠지만, 이 책을 가지고 다양한 방식으로 독자들을 만나야겠다고 마음먹고 있습니다.
    그림책의 힘을 믿기에 이 설익은 책을 마침내 세상에 내놓을 용기를 냅니다.

2021년 가을과 겨울 사이에서
김세실

그림책 페어런팅

오늘도 그림책과 함께 성장합니다 | **프롤로그**   5

01 그림책 세상을 만나다   15
    감각 발달

02 생애 처음 사랑을 배우다   41
    애착

03 더 넓은 세계와 소통하다   71
    언어 발달

04 생각의 틀을 짜다   103
    인지 발달

05 마음에 말을 걸다   133
    정서 지능

06 나를 발견하다 161
자아 발달

07 빛과 그림자를 보다 191
가족 환경

08 내 안에 타인을 담다 229
마음 이론

09 성장의 길을 찾다 269
놀이

참고문헌 299

01

그림책 세상을 만나다

"아기는 오늘도 무한한 호기심과
궁금증을 가지고 세상을 배웁니다.
그러므로 영아기는 '읽는 삶'을
시작하기에 더없이 결정적인 때입니다."

그림책 세상을 만나다

감각 발달

우리말에서 '아기' 또는 '영아'는 젖먹이를 가리킵니다. 이 시기를 뜻하는 영어 단어 'infants'는 '말하지 못하다'라는 라틴어 infans에서 비롯되었습니다. '영아기'infancy에는 아직 엄마의 젖을 먹어야 하고 말도 하지 못하지만 인간 발달의 출발점이자 가장 급격한 발달이 일어나는 때입니다. 대부분의 발달 이론에서는 생후 18개월까지를 영아기로 분류하므로 이 책에서 '아기'라고 일컫는 연령 역시 18개월까지로 하겠습니다.

갓난아기를 키우는 부모들은 아기를 안고 어르며 한없이 부드러운 사랑의 말을 속삭입니다. 하지만 그런 부모들조차 갓난아기에게 그림책을 읽어주라고 말하면 몹시 당황스러워합니다. 부모의 말도, 그림책도 모두 같은 언어이고, 아기가 받아들이는 것은 아직 책의 내용이 아닌데도 말이에요. 좀더 큰 아기에게도 그림책을 읽어주라고 말하면 '아기가 책에 관심이 없는 것 같다'는 근심 어린 대답이 되돌아오기도 합니다. 실제로 아기에게 그림책을 주면 아기는 아마도 쪽쪽 빨고 질겅질겅 씹고 침을 뚝뚝 흘리며 맛있게 먹어치울 거예요. 그게 바로 아기가 세상에 대해 갖는 관심의 표현이자 탐구이며 배움입니다.

자, 아기와 부모 중에 오늘 누가 더 많이 배웠을 것 같나요? 세상에 대한 호기심과 궁금증에 누가 더 눈을 반짝일 것 같나요? 당연히 아기지요! 그러므로 영아기는 '읽는 삶'을 시작하기에 더없이 결정적인 때입니다.

아기 그림책이란

'아기 그림책' '베이비 북'baby book '인펀트 북'infant book 같은 명칭은 그림책의 한 장르라기보다는 대상을 염두에 두고 사용하는 용어입니다. 이 시기 아기들에게 적합한 그림책의 외형적 특성을 반영해서 '보드 북'board book이나 '토이 북'toy book으로도 부르며, 일본에서는 '퍼스트 북'first book이라고도 합니다.

아기 그림책은 작고 귀여운 판형에 아기가 가지고 놀아도 찢어지지 않는 두툼한 보드지로 만듭니다. 폭신하고 보드라운 천이나 물에 젖지 않는 말랑말랑한 비닐 소재를 이용한 그림책도 있지요. 소재의 장점을 십분 활용해서 다양한 활동을 담는 경우도 많은데, 누르면 소리가 나거나 불이 반짝반짝 켜지고, 만지면 다양한 촉감이 느껴지며, 날개가 붙어 있어서 들춰 보게 하는 등 아기의 감각과 호기심을 두루 자극합니다.

내용을 살펴보면, 이 그림책들은 분량이 적고 글이 아주 짧습니다. 아기가 일상에서 자주 접하는 사물이나 가족 또는 귀여운 동물 같은 친근한 소재를 선택하며, 현재 시점에서 일어나는 사건을 리듬감 있는 언어로 반복해서 보여줍니다. 그림은 단순하고, 밝고, 크고, 선명합니다.

아기에게 이런 그림책을 처음 읽어주는 시기는 언제부터가 좋을까요? 2014년 미국소아과학회AAP는 소아과 의사들로 하여금 진료실에서 만나는 모든 부모에게 아기의 '출생 직후부터' 매일 그림책을 소리 내어 읽어줄 것을 권고하라는 진료 지침을 발표했습니다. 그림책 읽어주기를 통해서 아기와 부모 사이에 유대감이 생기고, 아기의 두뇌 활동이 활발해지며, 이후 어휘력·지각력·정서 발달 등 모든 영역에서 이점이 있기 때문이에요.

아기에게 그림책 읽어주기는 지역 사회 운동으로도 자리 잡고 있습니다. 1992년 영국에서 시작된 '북스타트'bookstart 운동은 그 효과가 입증되어 전 세계로 확산되었고, 우리나라도 2003년부터 아기가 사는 지역의 도서관·보건소·행정복지센터 등에서 그림책이 든 가방을 선물하며 그림책의 중요성을 널리 알리고 있어요. 북스타트 운동의 목적은 그저 책을 좋아하는 아이로 키우는 데 있는 것이 아닙니다. 그림책을 매개로 부모와 아기가 즐겁게 소통함으로써 행복한 인간으로 성장하는 발판을 마련해주고자 하는 것입니다.

ⓒ북스타트코리아

아기의 감각 발달과 그림책

그림책을 볼 때 아이들은 높은 수준의 감각과 지각 능력을 발휘해야 합니다. 귀로는 부모가 읽어주는 이야기를 듣고 눈으로는 그림을 보며 청각과 시각 정보를 받아들인 뒤, 지각 과정을 통해서 그 정보들을 해석하고 이해해야 하지요. 그럼 아기들은 과연 어느 정도의 감각 기능을 가지고 태어나며 생의 초기에 얼마나 빠른 속도로 후속 발달이 일어날까요? 지금부터 그림책 경험에 영향을 미치는 청각과 시각(편의상 지각 과정까지 포함) 발달에 대해 이야기해보겠습니다.

청각 발달

아기는 엄마 뱃속에서부터 청각 정보를 들을 수 있습니다. 자궁이 해저처럼 고요할 것 같지만 오히려 소음으로 꽉 차 있어요. 엄마의 심장 박동과 숨소리, 소화 기관이 활동하는 소리, 혈액이 흐르는 소리, 엄마의 목소리와 외부 환경에서 들리는 소리 등이 쉴 새 없이 뒤섞여 들립니다. 소음의 정도가 진공청소기나 잔디 깎는 기계와 맞먹는다고 해요. 그런데 이렇게 시끄러운 자궁 속에서 놀랍게도 태아는 엄마의 목소리를 듣고, 기억하며, 세상에 태어난 뒤 그 목소리를 구별하고 선호합니다.

노스캐롤라이나 대학교 심리학과의 앤서니 드캐스퍼Anthony DeCasper 교수는 생후 사흘이 된 아기들에게 녹음된 엄마의 목소리와 다른 여성의 목소리를 각각 들려주고 아기들이 입에 문 고무젖꼭지를 빠는 강도를 테스트했어요. 그 결과 아기들은 엄마 목소리가 들릴 때 고무젖꼭지를 더 빠르고 세게 빨며 선호 반응을 보였습니다. 태내에서 듣던 엄마 목소리를 기억한다는 증거지요.

드캐스퍼 교수는 곧이어 또 다른 실험을 했어요. 우선 출산을 6주 앞둔 서른세 명의 예비 엄마들에게 닥터 수스Dr. Seuss의 『모자 속의 고양이』The Cat in the Hat라는 책을 매일 세 번씩 큰 소리로 읽게 했습니다. 그리고 출산 사흘 뒤, 엄마들로 하여금 아기에게 두 종류의 책을 각각 읽어주게 했는데, 하나는 『모자 속의 고양이』였고, 하나는 전혀 다른 책이었습니다. 역시 고무젖꼭지 빨기 강도로 확인해보니, 태내에서 듣던 『모자 속의 고양이』 이야기가 나올 때 분명한 선호 반응을 보였지요. 이 실험의 결과는 아기들이 책의 내용을 기억한다는 뜻이 아닙니다. 아기들은 엄마가 각기 다른 책을 읽을 때 소리의 높낮이, 운율과 패턴을 분명히 기억하고 구별한다는 것입니다.

운율 있는 소리에 대한 아기들의 선호는 그 후로도 계속됩니다. 노래에 대한 선호는 더욱 뚜렷해서 말소리보다 노랫소리에 두 배 더 오래 집중할 정도입니다. 아기에게 자장가와 동요를 불러줘 보면 금방 느끼실 수 있을 거예요. 아기들이 좋아하는 운율과 리듬을 또 어디에서 찾을 수 있을까요? 바로 아기 그림책이죠. 그림책의 글은 읽어주는 입과 듣는 귀를 위한 글이에요. 읽어주기에도, 듣기에도 즐거워야 한다는 뜻입니다.

『사과가 쿵!』은 1981년 일본에서 처음 출간되었고 국내에서는 1996년에 출간되었는데, 지난 수십 년간 아기 그림책 분야에서 스테디셀러 자리를 차지하고 있습니다. 책을 펼치면 수풀 위에 커다란 사과 하나가 쿵! 떨어지고, 뒤이은 장면마다 동물들이 차례차례 등장해서 사과를 맛있게 먹지요. 서사도 그림도 지극히 단순한 이

『사과가 쿵!』
다다 히로시 글·그림, 정근 옮김, 보림

우적 우적 우적

아기는 운율 있는 소리를 좋아해요.
이 그림책에는 아홉 가지의 의성어와 의태어가 있어
아기에게 청각적 즐거움을 줍니다.

그림책이 어린 아기들의 마음을 사로잡는 이유 중 한 가지는 바로 청각 자극입니다.

사과를 먹는다는 점은 같지만 먹는 소리는 매번 달라요. 사각 사각 사각, 야금 야금 야금, 아삭 아삭 아삭, 우적 우적 우적 등의 의성어와 의태어는 단어 자체가 독특한 리듬감을 가지며, 규칙적으로 반복하면 운율이 생깁니다. 게다가 부모는 아기에게 읽어줄 때 기계적으로 읽어주지 않습니다. 자신도 모르게 소리에 강약과 장단, 고저를 넣어 아기의 청각적 즐거움을 끌어올리지요. 만약 사과를 먹기 시작한 아기라면 이 청각 자극에 사과의 맛과 빨고 씹을 때의 식감 같은 다른 자극이 결합되어 또 다른 재미를 느낄 거예요. 아기들은 그렇게 그림책의 세계에 빠져듭니다.

시각 발달

우리가 세상에 대해서 가장 많은 정보를 얻는 감각은 시각입니다. 하지만 아이러니하게도 시각은 가장 늦게 발달하는 감각이기도 하지요. 신생아의 망막은 미성숙한 상태로, 앞을 볼 수는 있지만 뿌옇고 흐릿한 형체만 보일 뿐이에요. 그러다가 생후 6개월까지 아주 빠른 속도로 시력이 발달하고, 유아기가 끝날 때쯤이면 성인의 시력에 가까워집니다.

시각 발달의 한계에도 불구하고, 여러 그림 지각 실험들에서 아주 어린 아기들도 그림을 쳐다보고 주목할 수 있음이 밝혀졌어요. 6개월 미만 아기들에게 다양한 형태의 이미지를 보여준 형태 지각 실험에서 아기들은 사람의 얼굴을 한 형태를 더 오래 응시했습니다. 아마도 출생 후 가장 빈번히 노출된 시각 자극이 젖을 먹여주고 안아주는 엄마의 '얼굴'이기 때문일 거예요. 또한 아기들은 공통적으로 더 크고 뚜렷하게 두드러지는 윤곽선이 있거나 시각 대비가 분명한 형태를 오래 응시하며 선호했습니다. 색 지각 실험에

『안녕, 미피』
딕 브루너 글·그림, 이상희 옮김, 비룡소

서는 생후 2개월이 지나면서 하양과 검정 같은 무채색뿐만 아니라 빨강·파랑·초록·노랑 같은 기본색을 볼 수 있음이 입증되었고요. 이와 같은 연구 결과들은 아기 그림책의 기획과 개발에 충실히 반영되고 있습니다.

『안녕, 미피』의 주인공 미피는 1955년, 네덜란드의 그래픽디자이너 딕 브루너Dick Bruna가 만든 하얀 꼬마 토끼예요. 오랫동안 조금씩 다듬어져 지금의 모습이 되었지요. 미피의 형태는 전체적으로 둥글둥글하고 부드러운 곡선으로 이루어져 있습니다. 몸은 대부분 정면을 바라보고 서 있는 모습이고, 입은 ×자로 다물고 있으며, 까만 점 같은 두 눈은 언제나 독자를 똑바로 쳐다봐요. 미피의 세계는 빛도 그림자도 없는 평면입니다.

미피에게서 가장 두드러지는 선은 까만 윤곽선입니다. 배경이 거의 단색이나 흰색으로 채워져 있기에 까만 윤곽선을 한 미피는 배경과 확실히 구분됩니다. 미피 그림책에 쓰인 색들은 선명한 기본색으로, 딕 브루너는 자신이 화가 앙리 마티스Henri Matisse의 영향을 받았다고 말합니다. 이처럼 미피는 앞서 언급한 아기들이 선호

감각 발달 23

하는 시각 요소들을 두루 갖추고 있답니다.

　시각이 다른 감각보다 천천히 발달하는 만큼 아기의 시각 발달과 시각 정보를 처리하는 지각 능력의 발달을 위해서는 풍부한 시각 경험과 자극을 제공해야 합니다. 아기들에게 단순한 흑백 초점책이나 모빌뿐만 아니라 다양한 색과 형태가 담긴 그림책이 반드시 필요한 이유이지요.

구강기와 감각운동기

　심리학자들은 광범위하고 복잡한 인간의 발달을 다양한 이론적 틀을 통해서 설명하고자 노력해왔습니다. 그들은 영아기의 발달을 어떻게 바라보고 해석했을까요? 이제 발달 이론 가운데 가장 널리 알려진 지그문트 프로이트Sigmund Freud의 정신분석적 관점과 장 피아제Jean Piaget의 인지 발달적 관점, 이 두 가지를 간단히 다뤄보겠습니다.

심리성적 발달 단계

　오스트리아의 심리학자이자 정신과 의사인 프로이트는 인간이 자신의 신체를 통해서 즐거움을 느낀다는 것에 주목했습니다. 그리고 성적이고 본능적인 삶의 에너지인 '리비도'libido가 특정 신체 부위와 강하게 결합되는 정도에 따라 구강기·항문기·남근기·잠복기·생식기로 심리성적 발달 단계를 나눴어요. 프로이트에 따르면 영아기 아기들은 '구강기'oral stage에 해당하는데, 리비도가 '입'에 있어서 입이 욕구 충족과 기쁨의 원천이기 때문입니다. 아기들은 입을 통해 느끼는 감각으로 세상을 이해하고 자아의 싹을 틔우지요.

태아가 자궁 안에서 엄지를 빨고 있는 초음파 사진을 본 적 있을 겁니다. 갓 태어난 신생아도 입가에 닿는 모든 것을 빨려고 하는 반사 행동을 보이지요. 아기는 젖을 배불리 먹는 데서 생애 최초의 행복감을 느끼는데, 그 통로가 바로 입이에요. 좀 더 자라면 손에 닿는 물건을 집어서 무조건 입으로 가져가 물고, 빨고, 씹어요. 모두 구강을 자극하려는 행동입니다. 사실, 아기의 입안에 퍼져 있는 신경은 손끝보다 두 배나 많기 때문에 아기들은 입을 사용할 때 감각을 가장 잘 느낄 수 있습니다.

구강기 아기들의 이 강력한 욕구 앞에 그림책이라고 안전할 수 없지요. 아마도 집집마다 침에 젖어 해진 책이나 모서리에 이빨 자국이 난 책을 찾는 게 어렵지 않을 겁니다. 정신분석에 관심이 많았던 『괴물들이 사는 나라』의 작가 모리스 샌닥Maurice Sendak도 책을 입에 넣고 물고 빨고 깨물던 아기 때의 버릇이 늦게까지 남아 있었다고 회고합니다. 그는 그림책에 등장하는 '구강기적 판타지'가 아기들에게 즐거움을 준다고도 말했지요.

『툭』
이연 글·그림, 한솔수북

『툭』이라는 제목의 재미있는 그림책이 그런 판타지의 예시가 되어줄 수 있을 것 같습니다. 어느 조용한 밤, 새 한 마리가 날다가 달과 툭 부딪치는 바람에 달이 땅에 툭 떨어지고 잠자던 곰이 그 달을 꿀꺽 삼켜요. 달은 지렁이 같은 똥이 되어 곰의 몸 밖으로 나와서 다시 하늘로 올라가려고 하는데, 그만 부엉이가 나타나 꿀꺽 삼키고 이번에는 물고기 같은 똥이 되어 연못에 퐁당퐁당 떨어지죠. 이렇게 동물들이 달을 먹고 싸고 다시 먹고 싸는 이야기가 꼬리에 꼬리를 물고 이어지면서 구강기뿐만 아니라 다음 단계인 '항문기' anal stage의 판타지까지 자극하며 즐거움을 줍니다.

한편, 스위스의 심리학자 피아제는 동일한 시기를 '감각운동기' sensorimotor period라고 불렀습니다. '피아제의 인지 발달 단계'는 104쪽 참조 말 그대로 감각과 운동을 통해서 세상과 소통한다는 뜻이에요. 신생아들은 엄마와의 신체 접촉으로 기분 좋은 자극과 만족을 느껴요. 그러다가 차츰 손을 꼼지락거리고 다리를 바동거리는 등 자신의 몸을 가지고 노는 단계로 나아가고, 손으로 사물을 잡을 수 있게 되면서부터는 신체가 아닌 사물을 가지고 자극을 추구합니다. 이를테면, 딸랑이를 흔들면 소리가 난다는 것을 경험한 뒤 소리를 듣기 위해서 의도적으로 딸랑이를 흔들지요.

감각운동기 동안 아기들은 눈앞에 없는 물체와 눈앞에서 일어나고 있지 않은 상황을 머릿속에서 그려낼 수 있는 표상 능력의 기초가 생기면서 그 결과로 '대상영속성'object permanence이 자라납니다. 대상영속성은 어떤 대상이 잠시 사라지거나 가려져 있더라도 영원히 없어지는 게 아니라는 것을 아는 능력으로, 아기가 감각운동기에 달성해야 할 중요한 발달 과제입니다.

대상영속성이 발달하지 않은 아기는 엄마가 바로 앞에서 수건으로 얼굴을 가리더라도 엄마가 사라졌다고 믿고 다른 데로 눈길을 돌리다가 '까꿍' 하고 수건을 치우면 엄마가 갑자기 다시 나타났다고 생각해서 깜짝 놀랍니다. 아직 까꿍놀이를 할 준비가 되지 않은 것이죠. 아기가 까꿍놀이에 즐거워하기 위해서는 우선 엄마에 대한 정신적 표상을 가져야 하고, 엄마 얼굴이 가려져도 사라진 게 아니라는 대상영속성이 있어야 엄마가 '까꿍' 하는 순간을 숨죽이고 기다리나가 까르르 웃을 수 있습니다. 초기 대상영속성이 나타나는 때는 대략 8개월 전후이고, 완전한 대상영속성은 감각운동기 후기에 획득됩니다.

『달님 안녕』에는 사람의 얼굴을 가진 달이 등장합니다. 앞서도 말했듯이, 아기들은 사물보다 사람의 얼굴을 더 주목하고 선호하

『달님 안녕』
하야시 아키코 글·그림
이영준 옮김, 한림출판사

지요. 게다가 이 달의 이목구비는 여성적이라 엄마를 연상케 합니다. 노란 달과 감청색 밤하늘은 선명한 보색 대비를 이루며 아기의 시선을 사로잡습니다.

깜깜한 밤하늘이 조금씩 환해지며 네 장에 걸쳐서 천천히 달이 모습을 드러냅니다. 그 순간, 갑자기 구름이 나타나더니 달을 완전히 가렸다가 구름이 물러가면서 다시금 달이 활짝 웃는 얼굴로 나타나지요. 달은 어디로 사라진 게 아니라 구름에 가려 보이지 않았을 뿐이며, 그걸 아는 게 바로 대상영속성이에요. 이 그림책은 까꿍놀이의 기제를 그대로 담고 있답니다.

아기의 그림책 경험

『책이 뭐야?』라는 그림책을 펼치면, 아기 당나귀가 책을 가리키며 아기 원숭이에게 책이 뭐냐고 묻습니다. 그러면서 책을 잘근잘근 씹기도 하고, 머리에 쓰기도 하고, 휙 던지기도 하고, 블록처럼

대상연속성을 획득한 아기들은
구름이 걷히고 달이 드러날 때 달처럼 환하게
웃으며 반가운 마음을 표현합니다.

쌓기도 해요. 아기 원숭이는 그게 아니라 책은 '읽는' 거라고 가르쳐주지요. 하지만 책에 대한 이 정의는 아기들에게 적용하기에 너무 협소합니다. 아기에게 읽기는, 부모가 들려주는 이야기를 귀로 듣고 그림을 보는 것뿐만 아니라 책이 가진 물리적인 특성에 빠져드는 거예요. 아기 당나귀가 보여준 모든 행동은 총체적인 '책 경험'입니다.

그림책을 읽어주다 보면 아기가 손을 뻗어 책을 탁탁 치고, 앙증맞은 손가락으로 그림을 잡으려고 책 표면을 긁어대고, 느닷없

『책이 뭐야?』
레인 스미스 글·그림,
김경연 옮김, 문학동네(절판)

이 흥분해서 소리 지르는 모습을 종종 목격할 것입니다. 아기는 분명히 책을 통해 무언가 경험하고 있는 겁니다. 어른이 책을 읽으며 웃거나, 눈물을 흘리고, 호기심을 느끼고, 머리를 한 대 맞은 것 같은 통찰을 얻는 것과 똑같아요. 지금 당장 집에 있는 아기의 그림책들을 살펴보세요. 유난히 책장이 너덜거리고, 침 자국이 많고, 음식이 묻어 끈끈한 책이 있다면, 그 책은 아기에게 가장 격렬하게 사랑받은 책임에 틀림없습니다. 어른이 책에 메모를 남기고 형광펜으로 줄을 치듯이 아기도 사랑의 마크를 남기는 것이지요.

물론 아기가 그림책을 이렇게 충분히 경험하기 위해서는 그림책을 읽어주는 부모의 노력과 상호작용 능력도 중요합니다. 그림책을 읽어주는 동안에 부모는 목소리를 통해서 그림책의 세계를 아기에게 전달하고 그 순간 부모와 아기는 하나의 세계를 공유하는 거예요. 아기가 몰입하고 반응할수록 부모는 더 정성스럽게 읽어주게 되고, 이 패턴에 익숙해지면 아기는 점점 더 오래, 더 깊게 부모가 읽어주는 그림책에 집중할 수 있게 된답니다.

초보 부모를 위한 가이드

그렇다면 아기의 풍부한 그림책 경험을 위해서 부모는 어떤 노력과 역할을 해야 할까요? 아기에게 그림책을 읽어주기로 결심한 초보 부모에게 도움이 될 만한 몇 가지 가이드를 정리해보겠습니다.

- ◆ 출생~2개월: 먼저, 아기를 잘 감싸 안아 편안한 느낌을 주어야 합니다. 책을 펼치고 아기가 누운 각도에서 그림이 잘 보이는지 확인한 다음, 부드러운 목소리로 읽어주세요. 아기 그림책이 없다면 태교 중에 읽었던 그림책도 좋습니다. 무엇을 읽어주느냐는 중요하지 않거든요. 아기가 부모의 체온, 리드미컬한 심장 박동, 친숙한 목소리를 통해서 평온과 안전을 느끼는 것이 핵심입니다.

- ◆ 2~6개월: 아기가 목을 가누고 상체 근력이 생기기 시작하면 부모의 무릎에 앉히는 자세로 안아서 본격적으로 그림책을 읽어줄 수 있습니다. 그럴 때 따뜻하게 안아주고 토닥거리고 쓰다듬는 신체 접촉과 결합해보세요.
예를 들어 『사랑해 사랑해 사랑해』를 읽어줄 때에는 머리, 발끝, 손가락, 발가락, 귀와 코 등 책 속에서 지칭하는 신체 부위를 구석구석 어루만지며 읽어줍니다.
각 장면마다 엄마와 아기 동물이 뽀뽀하는 『엄마랑 뽀뽀』를

『사랑해 사랑해 사랑해』
버나뎃 로제티 슈스탁 글, 캐롤라인
제인 처치 그림, 신형건 옮김, 보물창고

『엄마랑 뽀뽀』
김동수 글·그림, 보림

읽어줄 때에는 동물들을 따라서 아기에게 쪽쪽 뽀뽀를 해주세요. 이런 식의 읽어주기 방법은 영아기 내내 필요합니다. 아기에게 피부는 '제2의 뇌'라고 할 만큼 중요하며, 접촉에 의한 자극은 아기에게 행복감을 주고, 뇌를 활성화시키고, 부모와의 안정적인 애착 형성을 돕기 때문이에요.

그리고 이 시기부터는 아기에게 다양한 그림책들을 읽어주세요. 생후 3개월 아기들을 대상으로 한 마우어와 마우어Mauer & Mauer, 1988의 연구에 따르면, 아기에게 얼굴 사진을 보여주었을 때 처음 본 사진은 눈이 커지면서 응시했지만 같은 사진을 세 번 이상 보여주자 더 이상 바라보지 않았고, 새로운 얼굴 사진을 보여주었을 때 다시 흥미를 가졌습니다. 아기의 기억과 학습 능력이 발달하기 시작하면서 이미 경험한 자극에는 덜 반응하고 새로운 자극에 더 많이 반응하는 거죠. 그러니 그림책

『눈코입』
백주희 글·그림, 보림

에 대한 아기의 관심을 유지하기 위해서는 주기적으로 새로운 그림책을 제공해주어야 합니다.

◆ **6~12개월**: 이제 아기에게 그림책 읽기는 점점 놀이가 되어갈 거예요. 부모는 읽어주기read books에만 집착하지 말고 아기의 주도를 따라가며shared books 놀이와 읽기를 순발력 있게 넘나들어야 합니다. 모든 글텍스트를 다 읽어주지 않아도 되고, 처음부터 끝까지 읽어줄 필요도 없어요. 아기가 조금 듣다가 책장을 마구 넘겨도, 한두 장 듣다가 덮어버리고 기어가서 다른 책을 집어 들어도 괜찮습니다.

읽는 방식도 그림책에 따라 제각기 다르게 시도해보세요. 운율이 있는 책은 노래 부르듯 읽어주거나 책을 손끝으로 톡톡 두드리며 박자를 넣어 읽어줍니다. 다양한 동물이 나오는 책은 소리를 흉내 내며 읽어주고, 신체놀이와 결합할 수 있는 책은 놀이하며 읽어줍니다.

『눈코입』은 "눈눈눈눈… 코! 코코코코… 입!" 하는 신체놀이를 모티프로 합니다. 그림책 속 캐릭터들의 동작을 모방할 수 있는 아기는 모방을 하면서, 그 이하 월령의 아기는 부모가 아기의 신체 부위를 터치하며 재미있게 읽을 수 있어요. 이처럼 부모가 민감하고 유연한 낭독자이자 놀이 친구가 되기 위해서는 각 그림책에 대한 충분한 탐구가 선행되어야 합니다.

더불어 이 시기 아기들은 사물의 이름을 듣는 것에 매료되기 때문에 아기의 수준에 딱 맞는 그림책이 아닐지라도 책을 펼치고 손가락으로 그림을 하나씩 가리키며 사람이나 사물의 이름을 알려주면서^{명명, naming} 이야기를 섞어서 들려줄 수 있습니다.

아기는 부모가 가리키는 것에 시선을 집중하고 상호 관심을 기울이는 법을 배울 거예요. 옹알이를 시작한 아기가 옹알이로 화답하면 부모는 기다렸다가 칭찬을 하고 답도 하면서 반응해주세요. 아기가 의성어·의태어를 흉내 내려고 하면 아기의 소리를 따라 하거나 비슷한 다른 소리로 말해주기도 하세요. 그림책을 읽어주는 동안 일어나는 이런 식의 대화가 언어 발달의 기초가 된답니다.

◆ 12~18개월: 아기의 이동 능력이 발달하면서부터 아기의 관심은 온통 외부 세계로 향하게 됩니다. 호기심이 왕성한 만큼 산

만하며 에너지가 넘치기에 가만히 무릎에 앉히고 그림책을 읽어주는 게 쉽지 않은 아기들도 많아요. 그런 경우, 아기가 깊이 집중할 수 있는 시간을 3~5분 이내로 짧게 예상하고, 늘 여러 그림책들을 곁에 두고 하루에 몇 차례씩 나눠서 읽어주는 게 좋습니다.

또한 이 시기에 아기들은 듣고 이해할 수 있는 단어, 즉 '수용언어'가 폭발적으로 증가합니다. 그림책을 통해서 아기들은 일상에서 듣는 것과는 양적·질적으로 다른 단어와 문장에 노출됩니다. 다시 『사과가 쿵!』을 예로 들면, 이 작고 짧은 그림책에 등장하는 단어는 총 37개예요. 즉, 아기는 37개의 새로운 단어에 반복 노출되는 것이지요.

그림책을 충분히 경험한 아기들은 차츰 그림책 속 그림이 실제 사물을 나타낸다는 상징성을 이해하기 시작합니다. 사과 그림이 진짜 사과를 대신한다는 것을 아는 거죠. 그림책 이론가 페리 노들먼Perry Nodelman이 말했듯이 아무리 사실적인 그림일지라도 그림은 문자와 같은 약속된 표상이기에 '읽어내야' 하는 것이며, 그 이해 능력은 얼마나 많은 그림 매체를 경험했느냐에 따라 더 빠를 수도, 더 늦을 수도 있습니다.

이처럼 자라나는 '시각 문해력'visual literacy 덕분에 아기들은 그림책에 더욱 빠져들게 되지요. 『사과가 쿵!』에서 두더지는 처음부터 끝까지 등장하는 유일한 동물이며 먹는 걸 멈추지 않습니다. 결국 사과나무 꼭대기까지 올라간 두더지는 기린의 도움으로 내려올 수 있게 되는데, 그림책을 읽어주는 부모는 글을 읽느라 이런 세세한 부분은 놓치기 쉽지만 아기는 장면마다 두더지를 찾느라 눈을 반짝일 거예요.

지금까지 영아기 아기들에게 그림책을 읽어줄 때 도움이 될 만한 팁을 간단히 정리해보았습니다. 이런 이야기를 들려드리면 초보 부모들은 곧바로 '좋은 아기 그림책'을 추천해달라고 하십니다. 세상에 좋은 아기 그림책은 많고도 많습니다. 책방, 도서관, 그림책 관련 협회나 모임들의 추천을 참고하시면 됩니다.

저는 거기에 덧붙여 굳이 아기 그림책 영역에서만 책을 선택할 게 아니라 더 넓은 시야로 아기를 위한 그림책을 고르라고 부탁하고 싶습니다. 부모가 읽었을 때 좋은 그림책이라면 아기에게 보여주고 읽어주기에도 충분히 유익한 그림책일 테니까요.

평소에 부부가 좋아하는 그림책들을 틈틈이 모으면서 애정과 취향이 담뿍 담긴 '부모 그림책장'을 물려주면 어떨까요? 임신하면 일부러 태교 그림책을 살 필요 없이 그 책들로 태교하면 됩니다. 아기가 태어나면 그 책들 중에서 골라 그때그때 읽어줍니다. 그림책은 라이프 사이클이 긴 책입니다. 유행을 타지 않기에 이 책장을 다음 세대에 물려줄 수 있습니다.

아기의 '읽는 삶'은 부모의 무릎 위에서 시작됩니다. 부모가 무릎 위에서 펼치는 그림책은 아기에게 발달의 씨앗이 되고, 성장을 돕는 해이자 바람이자 비이며, 바깥세상을 보여주는 창이고, 무한한 가능성을 여는 열쇠입니다. 그림책 경험은 아기의 마음과 정신에 아로새겨져 어쩌면 일생 동안의 '읽는 삶'에, 나아가 총체적인 삶의 질에 영향을 미칠 것입니다. 건투를 빕니다!

02
생애 처음 사랑을 배우다

"부모의 조건 없는 사랑은 아이를
 사랑할 줄 아는 어른으로 성장하게 합니다.
 어쩌면 인간은 세상에 태어나서
 '사는 법'보다 '사랑하는 법'을
 먼저 배우는 것인지도 모르겠습니다."

생애 처음 사랑을 배우다

애착

누군가 저에게 삶의 의미에 대해 묻는다면 주저 없이 '사랑'이라고 답할 것입니다. 사랑은 나 자신보다 더 소중한 누군가가 있다는 깨달음이었고 사랑을 돌보며 저의 존재는 한층 성숙하고 풍요로워졌습니다. 사랑의 대상은 저마다 다르겠지만, 우리 모두는 사랑을 필요로 합니다.

인간이 처음으로 사랑을 알게 되는 건 언제일까요? 사랑이라는 감정의 씨앗은 생의 초기에 뿌려지며, '애착'attachment이라는 이름으로 싹틉니다. 애착은 누군가와 깊이 연결되어 있다고 느끼는 강한 애정적 유대감이에요. 아기는 자신을 돌봐주는 주 양육자에게 애착을 가지는데 대부분 그 대상은 엄마입니다. 그래서 이 장에서는 엄마와의 애착을 집중해서 탐구하려고 합니다.

애착은 일방적인 감정이 아니라 상호 호혜적이기에 아기가 엄마에게 애착할 뿐만 아니라 엄마도 아기에게 애착합니다. 이 최초의 친밀한 정서적 관계 때문에 우리는 어른이 되어서도 '엄마'라는 두 글자에 밑도 끝도 없는 그리움과 온기를 느끼지요. 조건 없는 사랑을 받는 값진 경험은 우리를 사랑할 줄 아는 어른으로 성장하게 합니다. 어쩌면 인간은 세상에 태어나서 '사는 법'보다 더 먼저 '사랑하는 법'을 배우는 것인지도 모르겠습니다.

왓슨 vs 볼비

심리학이 아기와 엄마의 애착에 주목하기 시작한 건 그리 오래전이 아닙니다. 1950년대까지만 해도 미국의 심리학자 존 왓슨John B. Watson의 행동주의 양육 방식이 최고의 육아법으로 인정받았습니다. 왓슨은 아기에게 엄마는 배고픔을 채워주고 돌봄을 제공하는 존재일 뿐이라고 보았어요. 아기가 엄마를 좋아하는 건 오직 실리적인 이유라는 것이죠. 그리고 엄마가 아기를 효과적으로 양육하기 위해선 강화와 보상의 방법을 써야 하며, 지나치게 사랑을 베풀면 오히려 아기가 나약하게 자란다고 주장했습니다. 아이를 고립된 공간에 혼자 두고 반성의 시간을 갖게 하는 '타임아웃'time-out도 왓슨이 고안한 훈육 방법입니다.

하지만 전쟁 고아들을 연구한 영국인 정신과 의사 존 볼비John Bowlby는 왓슨의 생각에 동의할 수 없었습니다. 그가 만난 아기들은 제2차 세계대전으로 엄마를 잃고 그 트라우마로 정서·행동·신체 등의 발달에 지속적인 손상을 입었어요. 사랑은 불필요한 감상이 아니라 힘겨운 세상을 견딜 수 있게 하는 보호 장치였던 것이지요. 볼비는 아기와 엄마가 생물학적인 애착 시스템을 갖추고 있으며 그로 인해 서로 밀접한 정서적 유대 관계를 형성한다는 '애착 이론'을 만들었습니다.

세상에 나자마자 걷고 뛰는 동물들과 달리 인간은 훨씬 더 미성숙하게 태어나기에 육아 기간이 아주 깁니다. 알다시피, 육아는 결코 즐거운 일일 수만은 없어요. 그렇지만 지금 이 순간에도 수많은 엄마들이 기꺼이 그 일을 해내는 건 육아의 고통과 희생을 넘어서는 강력한 감정, 바로 애착 때문입니다.

기다리고 기다리던 아기를 임신한 그 순간을 떠올려보세요. 기쁨과 기대로 가득 차 사랑스러운 태명을 짓고 초음파 사진을 보며 아기의 모습을 상상합니다. 아기방을 꾸미고 아기와 함께하는 삶을 계획하며 좋은 부모가 되겠다고 마음먹지요. 『예쁜 우리 아가』라는 그림책에도 그런 엄마들이 등장합니다. 장면마다 각기 다른 엄마 동물이 등장해서 아기 동물에 대한 깊은 애정을 이야기하는데, 그림을 자세히 보면 표지의 노란 언덕이 자꾸만 높아져요. 알고

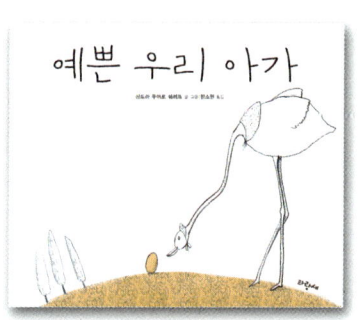

『예쁜 우리 아가』
산드라 푸아로 쉐리프 글·그림,
한소원 옮김, 파랑새

보니 그 언덕은 노란 원피스를 입은 사람 엄마의 점점 불러오는 커다란 배였습니다.

마침내 긴 산고 끝에 아기가 태어나요. 차근차근 준비해온 엄마의 애착 시스템은 갓 태어난 아기를 두 팔에 안아 그 보드라움과 연약함을 느끼는 순간 본격적으로 작동합니다. 엄마는 오로지 아기에게 집중하며 온 마음으로 아기를 돌보기 시작합니다.

볼비에 따르면, 아기의 애착 시스템은 엄마에 비해 서서히 커집니다. 생의 초기, 아기에게는 관계보다 생존이 더 중요하며 울음과 표정으로 생존에 필요한 욕구를 표현합니다. 아기는 이 욕구에 즉각 반응해주는 친숙한 성인들을 점차 구분하게 되는데, 생후 6개월 전후로 주 양육자, 대개는 엄마에게 최초의 애착 반응을 보이기 시작해요.

엄마에게 애착한 아기들은 눈으로 엄마의 움직임을 좇다가 눈이 마주치면 방긋 미소를 짓고 옹알이를 합니다. 아기의 '예쁜 짓'은 엄마의 애착 시스템에 강력한 연료를 제공하지요. 그러다가 아기는 엄마가 잠시라도 보이지 않으면 울음을 터뜨리며 불안해하는데, 제1장 「그림책 세상을 만나다: 감각 발달」에서 설명한 것처럼 아직까지 대상영속성이 충분히 발달하지 않았기 때문입니다. 기어 다니기 시작하면서부터 아기는 엄마를 엉금엉금 졸졸 뒤따라 다니며 잠시도 떨어지지 않고 곁에 있으려고 합니다. 아기는 단지 다른 사람들보다 엄마를 더 많이 보았고, 엄마가 더 자주 기저귀를 갈고 배고픔을 채워주었기 때문에 그러는 걸까요?

애착의 열쇠, 접촉

『안아 줘!』에서 아기 침팬지는 숲속 여기저기에서 엄마 동물이 아기 동물을 안아주는 모습과 마주칩니다. 엄마 코끼리는 코로 아기 코끼리를 안아주고, 엄마 뱀은 꼬리를 친친 감아 아기 뱀을 안아주고, 엄마 사자는 배 위의 아기 사자들을 포근하게 안아줍니다. 아기 침팬지는 점점 엄마가 그리워지고 결국 울음을 터뜨리는데, 그 순간 엄마 침팬지 역시 아기 침팬지가 보고 싶었던 듯 한달음에 달려와 꼭 안아주지요. 엄마 침팬지와 아기 침팬지가 부둥켜안은 모습은 사랑과 만족감으로 충만합니다.

저는 아기의 첫 그림책으로 종종 이 책을 추천하곤 합니다. "안았네" "안아 줘"가 거의 유일한 텍스트인 단순한 그림책이지만 아기들은 참 좋아해요. 아기 침팬지가 원한 건 처음부터 끝까지 누군가 자신을 꼭 '안아주는 것'이었고, 그 욕구에 엄마 침팬지가 즉시

『안아 줘!』
제즈 앨버로우 글·그림,
웅진주니어

응답했으며, 그건 바로 모든 아기들이 가진 욕구이기 때문입니다.

심리학자 해리 할로Harry Harlow는 갓 태어난 새끼 원숭이들을 부모, 형제와 분리해서 개별적으로 우리에 가둔 채 실험을 했습니다. 우리 안에는 두 종류의 가짜 어미가 있었는데, 하나는 나무토막에 차갑고 딱딱한 철사를 감아 만들고 관을 통해 우유가 공급되는 젖병을 매단 어미였고, 다른 하나는 말랑한 고무 스펀지와 부드러운 천으로 만들었지만 젖병을 매달지 않은 어미였어요. 자, 새끼 원숭이들은 어느 어미와 더 많은 시간을 보냈을까요? 만약 애착의 연결고리가 먹이라면, 새끼 원숭이들은 분명 철사 어미를 더 선호했을 것입니다.

실험 결과는 분명했습니다. 모든 새끼 원숭이들이 철사 어미에게서 고픈 배를 채운 뒤 곧바로 천 어미에게 달려가 몸을 비비며 시간을 보냈어요. 무서운 모형물을 우리에 넣어서 공포 상황을 만들자, 모든 새끼 원숭이들이 천 어미에게 몸을 밀착하고 불안을 달래려고 했습니다.

비록 오늘날의 관점에서는 동물 학대라고밖에 할 수 없는 비윤리적인 실험이었지만, 할로의 실험 덕분에 볼비는 애착 이론의 마지막 퍼즐 조각을 맞출 수 있었습니다. 애착의 열쇠는 바로 '신체 접촉'인 것입니다. 아기의 애착 시스템은 젖이나 보상 때문에 작동하는 게 아니에요. 엄마가 해주는 포옹이나 어루만짐, 토닥거림 등 신체 접촉의 위안이 아기로 하여금 엄마에게 특별한 친밀감을 느끼고 애착하게 합니다. 서로의 체온이 사랑의 온도를 높여주는 것이지요. 신체 접촉 없이 애착은 자라지 않습니다.

엄마라는 안전기지

아기가 부드럽고 따스한 접촉을 바탕으로 엄마에게 애착하게 되면, 그 뒤부터는 엄마를 '안전기지'secure base 삼아 주변 환경을 탐색하기 시작합니다. 볼비가 처음 사용한 이 말은 본래 군사 용어라고 해요. 전투에 나가는 원정 부대가 출발하는 곳이자 후퇴할 때 다시 돌아오는 군 기지로, 안전기지의 가장 중요한 역할은 다름 아닌 그 자리에서 가만히 '기다려주는' 것입니다.

엄마에게 애착한 아기는 점차 아장아장 걸음마를 시작합니다. 아기는 세상이 너무나 궁금하고, 말 그대로 세상과 사랑에 빠져요. 모든 감각을 동원해 세상을 탐색하며 그 경험을 통해서 주위 환경을 이해하고 지적 능력을 키워가지요. 이때 엄마라는 안전기지는 아기가 안심하고 세상으로 나아갈 수 있는 발판이 됨과 동시에 탐색을 마치고 돌아왔을 때 신체적·정서적 재충전을 제공합니다. 아기는 엄마가 옆에 있으면 마음 놓고 환경을 탐색할 수 있지만 엄마가 눈에 보이지 않으면 안전기지가 사라진 것이기에 더 이상 탐색을 지속할 수 없어요. 탐색 중에 고통을 경험하거나 두려움에 빠졌을 때도 아기는 안전기지로 돌아와 위안을 얻습니다. 이를 위해서 아기에게는 엄마가 언제나 그 자리에 있을 것이며 자신을 환영해줄 거라는 믿음이 필요합니다.

『엄마를 잠깐 잃어버렸어요』
크리스 호튼 글·그림, 김상미 옮김, 보림

『엄마를 잠깐 잃어버렸어요』에서는 꾸벅꾸벅 졸던 아기 부엉이가 나무에서 떨어지며 엄마를 잃어버립니다. 그런 아기 부엉이를 보고 어쩐지 미덥지 않게 생긴 다람쥐 아줌마가 엄마를 찾아주겠다며 나서는데, 매번 엉뚱한 동물에게 데려가지요. 아기 부엉이의 인내심이 바닥날 즈음, 다행히 개구리가 나타나 진짜 엄마가 있는 곳을 알려주어요. 엄마 부엉이는 눈물을 뚝뚝 흘리며 아기 부엉이를 찾고 있었고, 아기 부엉이는 무사히 엄마 품에 안깁니다. 이렇게 그림책 속에서 잠시 엄마를 잃은 주인공들은 반드시 엄마를 찾습니다. 아기들은 이런 책을 보고 또 보며 안심하지요.

그런데 여기, 엄마에게서 도망치고 싶어 하는 아기 토끼가 있습니다. 무슨 일일까요? 1942년에 처음 출간된 마거릿 와이즈 브라운Margaret Wise Brown의 『엄마, 난 도망갈 거야』의 첫 단락은 읽을 때마다 참 묘한 느낌이 듭니다. 아기 토끼는 다짜고짜 도망가겠다고 말하고, 엄마는 네가 도망가면 나는 쫓아가겠다고 답해요.

다음 장을 넘기면 아기 토끼는 시냇물로 뛰어들고 엄마 토끼는 낚시 도구를 챙깁니다. 여기까지의 그림은 흑백 드로잉인데, 다음

『엄마, 난 도망갈 거야』
마거릿 와이즈 브라운 글,
클레멘트 허드 그림,
신형건 옮김, 보물창고(절판)

장을 넘기면 정말로 엄마 토끼가 낚싯대 끝에 당근을 매달고 아기 토끼를 낚는 장면이 컬러로 펼쳐져요. 그렇게 아기 토끼는 끊임없이 엄마에게서 도망쳐 미지의 세상으로 모험을 떠나는 상상을 하고, 엄마는 그런 아기 토끼 곁에 언제나 머물 거라고 말합니다. 아기 토끼가 착하게 굴든 못되게 굴든, 성공하든 실패하든 말이에요.

누군가는 이런 엄마를 아이를 옴짝달싹 못 하게 하고 간섭하는 '헬리콥터 부모'로 바라보기도 합니다. 그림책에 대한 저마다의 해석은 모두 옳아요. 단지 '다를' 뿐입니다. 저는 무슨 수를 쓰더라도 아기 토끼 곁에 있겠다는 엄마의 일관된 반응에 초점을 맞추고 싶습니다. 엄마의 말에 아기 토끼는 사랑받고 있음을, 자신이 있는 그대로 인정받고 있음을 느끼며 내적 안정감을 가질 거예요. 그 힘과 믿음으로 진짜 세상으로 나아갈 용기를 모을 것입니다.

온갖 모험을 상상하던 아기 토끼는 결국 자신이 아직은 어리다는 것을 깨닫고 엄마의 작은 아기로 남겠다고 합니다. 마지막 장을 펼치면, '부성 영역'으로 일컬어지는 화면 왼쪽 상단에 붉은 옷을 입은 허수아비가 두 팔을 활짝 벌린 채 서 있어요. 이 허수아비는 바깥 세상으로부터 엄마 토끼와 아기 토끼를 지켜주는 전통적 관념의 아버지로 해석될 수 있습니다. 엄마 토끼는 오른쪽 하단 '모성 영역'의 아늑한 굴 속에서 아기 토끼에게 당근을 먹입니다. 그곳은 마치 불이 켜진 듯 환하며 사랑과 생명 에너지로 충만해 보입니다. 저에게 그 이미지는 '안전기지'의 상징처럼 여겨집니다.

이제 연구자들은 엄마와 아기 사이의 애착의 질을 들여다보기 시작했습니다. 어떤 엄마들은 아기에게 전혀 안전기지가 되어주지 못하는 것처럼 보였기 때문입니다. 볼비의 동료였던 메리 에인스워스Mary Ainsworth는 엄마와 아기의 애착을 측정하기 위해 '낯선 상황 과제'라는 일련의 상황극을 시행했습니다. 엄마와 한 살 아기를 장난감이 가득한 방으로 안내하고 연구자들은 안에서는 밖이 보이지 않는 창을 사이에 두고 관찰하다가, 아기가 장난감을 구경하기 시작하면 방 안으로 낯선 사람을 들여보내고 엄마를 밖으로 나오게 해서 '이별 상황'을 만들었습니다. 그리고 잠시 뒤 엄마를 다시 들어가게 해 아기를 안심시키는 '재결합 상황'을 만들어 그때의 반응을 보는 거예요.

수년 동안의 관찰 데이터가 쌓이며 특정한 패턴이 드러났습니다. 대다수 아기들은 엄마가 사라졌을 때 당황하고 우는 불안 반응을 보였고, 엄마가 다시 돌아오자 엄마 품에 안겨서 안심하며 안정을 회복했어요. 엄마라는 안전기지를 되찾은 아기들은 다시금 방 안의 장난감을 즐거이 탐색했지요. 하지만 일부 아기들은 돌아온 엄마에게 화를 내며 밀치거나 때리고 아예 엄마에게 무관심하거나 외면하기도 했습니다. 그들은 엄마가 돌아왔음에도 놀이에 집중하지 못했고, 엄마라는 존재가 전혀 안전기지가 아님을 드러냈어요. 연구자들은 전자의 아기들이 보인 반응을 크게 '안정 애착', 후자를 '불안정 애착'으로 분류했습니다.

애착에 대한 몇 가지 의문

대체 무엇이 이와 같은 애착의 질적 차이를 만드는 걸까요? 연구자들은 엄마의 양육 행동 검사를 통해서 애착의 질이 육아의 방식과 밀접한 관련이 있음을 발견했습니다. 안정 애착을 보인 아기들의 엄마는 특히 '부모 민감성' 척도에서 높은 점수를 받았어요. 민감성이 높은 엄마들은 아기의 바람이나 욕구를 빨리 파악했습니다. 아기가 보내는 신호와 의사 표현을 엄마 자신의 기분과 상황에 따라 왜곡하지 않고 아기의 관점에서 바라볼 줄 알았지요. 그들의 대응 방법은 아기가 원하는 수준에 딱 맞게 그때그때 적절했으며, 한계 설정도 일관되었습니다. 민감한 엄마들은 아기와 적극적으로 상호작용을 했고, 충분한 자극을 제공했으며, 사랑 표현과 신체 접촉에도 능동적이었습니다.

반면 불안정 애착을 보인 아기들의 엄마는 대체로 무심했습니다. 아기가 울어도 곧바로 안아주거나 다정히 대하지 않았고 신체 접촉도 불편해 보였어요. 지나치게 통제적인 엄마도 있었습니다.

그런 엄마는 아기의 욕구와 무관하게 자신의 욕구에 따라 일방적인 상호작용을 했습니다. 변덕스러운 엄마도 있었는데, 어느 때는 아기의 요구에 지나칠 정도로 예민하게 반응하다가 어느 때는 아무 반응도 보이지 않았습니다. 예측이 불가능한 이중적인 태도는 아기를 불안하게 만들지요.

애착과 양육 행동에 대한 이 같은 설명에 몇 가지 의문이 들 수 있습니다. 첫째, 엄마의 민감하지 못한 양육 행동은 엄마 자신만의 문제일까요? 아닙니다. 아기의 기질이라는 변수가 있어요. 까다로운 기질의 아기에게는 마치 악기를 조율할 때처럼 아기의 욕구와 엄마의 응답을 조율하기 위한 인내심과 노력이 필요한데 그것은 결코 쉬운 일이 아닙니다.

둘째, 아기와 초기 관계를 잘 맺지 못해서 이미 불안정 애착이 형성되었다면 돌이킬 수 없는 걸까요? 학자들은 대략 18개월까지를 애착 발달의 결정적 시기로 보고, 그때 불안정 애착 패턴을 보이면 이후의 성장 발달에 지속적인 영향이 있을 수 있다고 지적합니다. 그런 의미에서 두 번째 의문에 대한 답은 '네'이지만 동시에 '아니오'이기도 합니다. 인간의 발달은 결코 고정되어 있지 않습니다. 모든 조건이 동일하다면 불변하겠지만, 엄마의 태도나 환경이 바뀌고 아이가 성숙하는 등 긍정적 조건이 더해질수록 그만큼 복구가 가능해질 거예요. 죄책감을 가지고 변화를 포기한다면 상황을 악화시킬 뿐입니다.

셋째, 아기는 오직 한 사람의 양육자에게만 애착하는 걸까요? 역시, 아닙니다. 주 양육자에게 안정적으로 애착을 형성한 아기는 시간이 지나며 몇몇의 친숙한 이들에게도 애착합니다. 아빠가 양육에 긍정적인 태도를 가진 민감한 양육자라면 아기는 당연히 아빠에게도 안정 애착을 보입니다. 다만, 엄마와 아빠 사이에는 분명한 상호작용의 차이가 있는 것 같습니다. 엄마가 주로 아기를 어르고 달래고 돌보는 방식의 상호작용을 한다면 아빠는 놀이와 신체 자극으로 상호작용을 하지요. 그래서 많은 아기들은 불안하거나 두려울 때는 엄마를 더 선호하고, 놀이 친구로서는 아빠를 좀더 선호하는 경향이 있습니다.

넷째, 엄마가 직장에 다니거나 기관 보육을 일찍 시작한 경우, 아기와 함께하는 시간이 적기 때문에 애착이 어려울까요? 역시나, 아닙니다. 아기와 있는 시간 동안 충분히 민감하고 반응적인 엄마가 된다면 시간의 양이 아닌 질이 애착을 결정할 거예요. 더 많이 안아주고 놀아주고 어루만지며 사랑을 속삭이면 됩니다.

마지막으로, 아기의 욕구에 즉각 반응하는 민감한 양육 태도가 혹시 아기를 버릇없는 응석받이로 만드는 건 아닐까 걱정할 수도 있습니다. 그것은 아주 극단적 가정입니다. 되는 것과 안 되는 것 사이의 원칙을 확고히 하면서도 그 안에서 아기가 도움과 위안을 필요로 할 때 얼마든지 즉시 손을 내밀 수 있답니다. 부모의 다양한 양육 행동과 그 영향에 대해서는 제7장 「빛과 그림자를 만나다: 가족 환경」에서 더 자세히 다루도록 하겠습니다.

아이와 엄마의 건강한 분리

걸음마 단계를 지나 걷고 뛰는 이동 능력을 획득하며 초기 유아기에 진입한 아이들은 엄마와 제법 잘 분리되고 엄마가 없어도 울지 않고 놀 수 있게 됩니다. 엄마는 이제 좀 컸구나 하며 마음을 놓지요. 그런데 어느 날 느닷없이 아이가 돌변하더니 엄마에게 매달리며 한시도 떨어지지 않으려 하고 엄마가 없으면 극도로 불안해하기 시작해요. 다시금 어린 아기로 퇴행한 것처럼 보이니, 안심하던 엄마는 걱정이 앞섭니다. 바로 16~24개월 즈음 절정에 이르는 '분리불안'separation anxiety의 모습입니다. 심리학자 마가렛 말러 Margaret S. Mahler는 이 시기를 '재접근 단계'라고 부르며 아이들이 심리적으로 다시 태어나기 위한 위기를 겪는다고 말했습니다.

재접근과 의존 역설

호기롭게 세상을 탐색하던 아이는 점차 자신이 거대한 세상 속의 아주 작고 무력한 존재임을 깨닫습니다. 그만큼 아이의 인지 능력과 자아가 성장했다는 뜻이기도 합니다. 아이는 자기 능력의 한계를 경험하고 혼란과 두려움을 느끼지요. 그때 의지할 수밖에 없는 대상이 바로 안전기지인 엄마인 것입니다. 엄마에 대한 심리적 의존이 커졌기에 엄마가 눈에 보이지 않으면 영원히 잃을까 봐 불안해하며 상실에 대한 공포도 더 커집니다.

이색적인 프랑스 그림책『엄마 껍딱지』에 등장하는 아이는 엄마의 보드랍고 매끄러운 치마의 촉감과 거기에 밴 엄마 냄새를 좋아합니다. 이 그림책을 처음 보았을 때 저도 엄마의 치마폭에 파고들어 킁킁 냄새를 맡던 어린 시절의 기억이 떠올랐어요. 세상의 온갖 냄새들 사이에서 나만 구분할 수 있던 엄마의 냄새는 작은 위로와 평온이었습니다. 실제로 많은 아이들이 엄마 냄새나 촉감에 애착 반응을 보입니다.

그림책 속 아이는 급기야 엄마 치마 속에서 살겠다고 합니다. 그러면 아기 때처럼 엄마랑 항상 함께할 수 있으니까 말이에요. 날개 플랩으로 처리된 엄마의 치마는 '엄마의 품'과 '안전기지'를 상징합니다. 아이는 제목처럼 엄마의 껌딱지가 되어 엄마 치마 속에서 엄마가 가는 곳이면 어디든지 따라가요. 엄마는 난감할 노릇이지만 이 극단적인 의존은 아이러니하게도 진정한 독립을 이루기 위한 과정이랍니다. 심리학에서는 이를 '의존 역설'dependency paradox이

『엄마 껌딱지』
카롤 피브 글, 도로테 드 몽프레 그림,
이주희 옮김, 한솔수북

라고 합니다. 혼자 있는 법을 배우고 혼자라는 불안과 두려움을 떨치기 위해서는 그전에 수많은 시간을 함께해야 합니다.

다행히 엄마는 '다 큰 아이'라며 아이를 내치거나 단호하게 행동하지 않아요. 책에는 아예 표정도 그려져 있지 않습니다. 엄마의 치마 속에 살던 아이는 그 안에서 충분히 만족했을 뿐만 아니라 친구를 사귀며 비로소 세상으로 조심스레 나아갑니다. 친구들과 노는데 엄마가 데리러 오자, "엄마 벌써 왔어요?"라고 묻는 천진한 아이의 말에 피식 웃음이 납니다.

재접근 단계에 있는 어떤 아이들은 엄마의 머리카락이나 귀를 조물락조물락 만지기도 하고 제 손가락을 빨기도 합니다. 모두 아이 스스로 불안을 잠재우기 위해서 하는 행동이에요. 또 어떤 아이들은 '애착 물건'을 가지기도 하는데, 대개 아기 적부터 가지고 있는 인형이나 담요에 애착하지요. 애착 물건은 엄마와의 분리를 위한 중간 다리와 같은 역할을 해줍니다. 집 밖에서의 생활은 점점 늘어나는데 엄마라는 안전기지가 언제나 아이 곁에 있을 수는 없어요. 그러니 애착 물건이 그 자리를 대신하며 엄마와 분리되는 불안감을 덜어주는 거예요. 아이는 엄마를 부르며 우는 대신 애착 물건을 만지거나촉각 냄새 맡으며후각 일종의 '셀프 위로'를 합니다.

『내 사랑 뿌뿌』에 등장하는 꼬마 생쥐 오웬은 자신이 좋아하는 노란 담요에 '뿌뿌'라는 이름을 지어줬습니다. (제 첫째 조카에게는 '이부아'가 있었지요.) 오웬은 뿌뿌를 어찌나 사랑하는지 종일 끌어안고 쓰다듬으며 '노오란 행복'에 취해요. 뿌뿌와 함께라면 울음도

『내 사랑 뿌뿌』
케빈 헹크스 글·그림,
이경혜 옮김, 비룡소

잘 참고 두려움도 더 잘 견딜 수 있답니다. 그런 오웬을 엿보는 옆집 족집게 아줌마는 저러다가 영영 '애기 노릇'을 할 거라며 뿌뿌를 식초 물에 담가라, 요술 담요 연극을 해봐라 등등 참견을 합니다. 사실 오웬은 애기에서 아이로 성장하는 과도기에 있기에 뿌뿌가 필요한 것인데 말입니다. 의지하고 싶은 아이의 마음을 비난하면 오히려 수치심과 죄책감을 느끼게 할 뿐입니다. 다행히 부모는 오웬의 욕구를 인정해주고 자연스럽고 점진적인 변화, 그리고 서로가 기꺼이 받아들일 수 있는 대안을 선택한답니다.

앞서 언급한 심리학자 말러는 아이들이 4세경이면 서서히 확고한 '엄마 상(像)'을 만들어 엄마가 곁에 없을 때에도 그 표상을 통해서 위로받는다고 했습니다. 마음속에 엄마가 있기에 아이는 이전처럼 흔들리거나 불안해하지 않으며 신뢰를 가지고 기다릴 수 있는 것이지요. 실체가 아닌 이미지만으로 존재에 대한 믿음을 가진다는 것은 아이가 애착을 내면화했다는 것이며 한 단계 더 성숙했다는 뜻입니다.

또한, 아이는 나를 사랑해주는 좋은 엄마의 표상과 나를 훈육하는 나쁜 엄마의 표상이 합쳐진 게 현실의 엄마라는 걸 받아들이며 엄마를 사랑하기도 하고 미워하기도 하는 상반된 두 감정을 자연스럽게 처리할 수 있게 됩니다. 모든 관계에는 좋고 나쁨이 함께하기에 이를 아는 것은 관계를 이해하는 기본이기도 합니다. 이렇게 엄마에 대한 안정된 상을 유지할 때 아이는 비로소 엄마와 성공적으로 분리될 수 있으며, 이것은 생물학적 탄생에 버금가는 '심리적 탄생'입니다.

『우리는 언제나 다시 만나』는 많은 부모에게 사랑받는 베스트셀러 그림책입니다. 애착의 내면화를 '언제나 다시 만나'라는 표제어로 잘 풀어냈어요. 까꿍 놀이를 하며 까르르 웃고 엄마가 들어간 화장실 문 앞에서 대성통곡을 하던 아기는 점점 성장해갑니다. 성장의 과정에서 아이는 엄마와의 짧은 헤어짐과 작은 기다림들을

『우리는 언제나 다시 만나』
윤여림 글, 안녕달 그림, 위즈덤하우스

경험하는데, 그때마다 엄마는 서로 잠깐 못 보더라도 곧 만나게 되고, 당장 눈앞에 보이지 않더라도 금방 돌아온다는 것을, 그렇게 언제나 꼭 다시 만난다는 것을 아이에게 차근차근 알려줍니다.

엄마의 말처럼 다시 만나는 경험이 쌓이고 믿음이 자라면서 아이는 더 이상 엄마와의 이별을 슬퍼하지 않습니다. 이제 엄마는 언젠가 장성한 아이가 집을 떠나고 혼자 남아서 보낼 시간을 생각하지요. 아이를 위로해주었던 언제나 다시 만난다는 그 말이 메아리처럼 돌아와 엄마의 허전한 마음을 위로할 차례입니다.

엄마의 분리불안

애착 대상과의 건강한 분리는 아이뿐만 아니라 엄마에게도 성취해야 할 과제입니다. 애착은 상호적인 상태이기에 분리의 경험 역시 아이만 힘든 게 아니에요. 엄마도 아이처럼 분리불안을 겪습니다. 실제로 많은 등교 거부와 학교 공포의 사례가 엄마의 분리불안이 아이에게 전이된 것이라고 합니다. 더욱이 엄마 자신이 어린 시절의 불안정 애착 문제나 정서적 트라우마를 가지고 성장했다면, 아이는 엄마가 느끼는 불안을 거울처럼 반사할 것입니다. 그렇게 엄마의 문제는 다음 세대로 대물림되지만, 양육 행동에서도 설명했듯이 엄마의 부단한 노력을 통해서 분명히 더 나은 사랑의 방식을 택할 수 있습니다.

벨기에 작가 키티 크라우더Kitty Crowther의 그림책 『메두사 엄마』의 표지는 강렬하고 상징적입니다. 긴 머리칼의 주인은 바로 메두

『메두사 엄마』
키티 크라우더 글·그림,
김영미 옮김, 논장

사 엄마, 그리스 신화 속의 메두사처럼 긴 머리칼로 모든 것을 조정해요. 메두사 엄마는 힘겹게 딸 이리제를 낳았지만 어쩐지 기뻐하지 않습니다. 그 답을 신화에서 유추해볼 수 있어요. 메두사는 가닥가닥 징그러운 뱀으로 된 머리칼을 가졌고, 눈이 마주치는 모두를 돌로 만들어버리는 괴물입니다. 처음에는 메두사도 머릿결이 고운 아리따운 처녀였지요. 그런데 하필 바다의 신 포세이돈의 사랑을 받는 바람에 아테나 여신의 노여움을 사게 되고 저주에 걸린 몸으로 세상을 등진 것입니다. 메두사는 괴물이기 이전에 세상의 질시와 오해로 깊이 상처 입은 존재입니다. 메두사 엄마 역시 자신이 가진 트라우마 때문에 이리제가 겪어야 할 세상에 대한 두려움이 탄생의 기쁨보다 큰 것은 아닐까요?

　메두사 엄마는 진주를 품은 조가비처럼 머리칼 속에 이리제를 소중히 품고 사람들이 이리제를 만지려고 하면 사납게 거부합니다. 이리제는 성장하며 차츰 바깥 세상에 매혹됩니다. 엄마의 사랑과 보호는 안전하고 따스하지만 바깥 세상만큼 자유롭지는 않지요. 이리제는 학교에 가서 다른 아이들과 어울리고 싶어 하고, 메두사 엄마는 여전히 혼자만의 걱정과 불안에 사로잡혀 이를 허락하지 않습니다.

이 그림책을 통해 키티 크라우더는 세상의 부모에게 아주 중요한 메시지를 던집니다. 성숙한 부모라면 아이의 개별성을 인정하며 건강히 분리되어야 한다는 것입니다. 때때로 우리는 곁에 있는 가까운 이들을 너무나 사랑하는 나머지 나와는 다른 독립된 존재임을 잊는 듯해요. 이리제는 성장을 위해 미지의 세계로 도약하고 싶어 합니다. 이리제의 요구에 응답하려면 메두사 엄마 역시 자신을 변화시킬 용기를 가져야 하지요. 아이들은 계속 성장하고 시기마다 요구도 변합니다. 그러니 부모도 아이와 함께 자라고 변해야 하지 않을까요? 어쩌면 부모는 그 과정을 통해서 아이보다 더 많은 것을 얻을 것입니다. 진정한 사랑은 자아의 영역을, 인간의 한계를 확장시키기 때문입니다.

결국 메두사 엄마는 스스로 머리칼을 잘라 바닷물에 흘려보냅니다. 그리고 이리제의 머리칼을 가리고 있던 검은 두건도 벗겨주죠. 경쾌한 짧은 머리의 메두사 엄마가 처음으로 머리칼을 드러낸 이리제를 안고 활짝 웃는 마지막 장면은 의미심장합니다. 이리세를 통해 메두사 엄마는 전혀 다른 사랑을 경험했습니다. 그 사랑은 책임과 희생이 따르고 기다림과 인내를 요하며 보답과 대가가 없기에 성숙한 사랑입니다. 엄마의 사랑을 받은 이리제는 자신 또한 타

때로는 분리에 대한 엄마 자신의 불안이 아이의 내적 독립과
성장을 가로막기도 합니다. 안정된 애착만큼
건강한 분리도 부모와 아이 사이의 중요한 발달 과제입니다.

인에게, 미래의 자손에게, 똑같은 사랑을 나눠줄 수 있는 힘을 가지게 될 것입니다. 애착의 역사는 그렇게 이어집니다.

사랑을 전하는 그림책 읽어주기

엄마와 아이의 애착을 증진시키기 위해 저는 다시 한번 그림책 읽어주기를 강조하고 싶습니다. 일본의 어린이책 전문가인 마쓰이 다다시松居 直는 엄마가 아이에게 그림책을 읽어준다는 것은 그림책의 언어에 생명을 불어넣고 사랑을 전하는 일이라고 말했습니다. 한 권의 그림책을 소리 내어 읽어주는 일은 단순히 이야기만 전달하는 것이 아니라 사랑을 전하고 정서적 유대감을 키워준다는 뜻입니다.

그림책을 읽어주는 동안 일어나는 엄마와의 상호작용은 아이에게 놀이처럼 재미있습니다. 그림책 자체가 주는 재미와 상호작용의 즐거움이 합쳐져서 함께하는 시간의 질이 높아지며, 고스란히 애착의 질에 반영되지요. 이제 애착 증진을 돕는 그림책 읽어주기 방법 몇 가지를 소개하겠습니다.

첫째, 아이를 무릎이나 곁에 앉히고 그림책을 읽어주세요. 서로의 온기를 나누는 것은 마음을 나누기 전의 준비운동과 같습니다. 그리고 틈틈이 쓰다듬고 손잡아주는 등 신체 접촉을 늘리고, 말과 몸짓으로 다정하게 애정 표현도 해주세요.

둘째, 아이가 보이는 반응을 따라해주세요. 아이가 웃으면 엄마는 더 크게 웃고, 아이가 흥분하면 엄마도 더 목소리를 높여 연기하고 노래를 부르며 아이의 감정을 함께 느끼고 있다는 것을 적극적으로 보여줍니다. 엄마가 아이의 반응과 상관없이 그저 단조롭고 평이한 목소리로 글만 읽는다면 어떤 즐거운 상호작용도 일어나지 않을 거예요.

셋째, 읽기의 주도권을 아이에게 주세요. 아이가 특정 장면을 더 오랫동안 보고 싶어 하면 기꺼이 기다려주고, 책장을 넘기려고 하면 그렇게 하도록 둡니다. 빨리 다음 장을 넘기라고 하거나 여기를 다 보고 넘기라고 핀잔할 필요가 없어요. 아이의 주도권을 따름으로써 아이와의 민감한 조율을 경험하고 더욱 느긋하고 협력적인 책 읽기 시간을 보낼 수 있습니다.

나는 과연 좋은 엄마일까

볼비가 처음 애착의 개념을 세상에 내놓았을 때는 단순히 아기와 엄마 사이의 관계에만 적용한 말이었으나 오늘날 애착은 전 생애적인 관점으로 재인식되고 있습니다. 애착은 인간이 살아 있는 동안 엄마뿐 아니라 다른 어떤 사람과도 형성할 수 있는 감정이에요. 어린 시절, 안정된 애착에서 얻은 사람과 사랑에 대한 근본석인 신뢰감은 이후 대인 관계에서 기쁨을 느낄 수 있게 하고, 친구·동료·배우자 등과 친밀하고 만족스러운 관계를 가질 수 있게 합니다. 애착은 영유아기의 건강한 발달을 비롯해 아동기·청소년기,

나아가 성인기까지 지대하고 지속적인 영향을 미치는 인간 발달의 필요충분조건인 것입니다.

 결국, 세상의 많고 많은 육아법보다 더 중요한 것, 어쩌면 가장 중요한 것은 안정되고 건강한 애착 만들기가 아닐까요? 아이들은 스스로 많은 것을 배울 거예요. 부모가 할 일은 아이가 필요로 하는 그때에 충분한 사랑을 주어 사랑하는 법, 사랑받는 법을 가르쳐 주는 것입니다.

 『사랑은 널 자라게 해』의 주인공 아기 나무에게 어느 날 해가 찾아옵니다. 해는 언제나 아기 나무 곁에서 함께 걸으며 세상과 눈높이를 맞출 수 있게 도와주고, 신나게 놀아주고, 힘들 때 손잡아주며 따스하게 응원합니다. 아기 나무가 망설일 때, 위험할 때, 위로가 필요할 때 해는 한결같이 환한 사랑의 빛을 비춰줍니다. 시간이 흐른 뒤 해가 사라졌을 때, 비로소 아기 나무는 그동안 자신이 얼마나 크게 성장했는지 깨닫지요. 그리고 자신의 몸과 마음 구석구석

『사랑은 널 자라게 해』
박은영 글·그림, 시공주니어

에 해의 따스한 빛이 스며들어 영원히 함께할 거라는 것도요.

많은 엄마들이 '나는 과연 좋은 엄마일까'라는 물음표를 가지고 살 것입니다. 저는 이 그림책의 해와 같은 존재가 좋은 엄마가 아닐까 상상해봅니다. 영국의 정신분석가 도널드 위니컷Donald Woods Winnicott은 지속성과 항상성을 가지고 아이를 보살피며 사랑이 충만한 환경을 제공해 안정감을 주는 양육자를 가리켜 '굿 이너프 마더'good enough mother, 즉 '충분히 좋은 엄마'라고 했습니다.

머리로는 이해되지만 실제로 충분히 좋은 엄마가 되는 일은 고난과 좌절의 과정입니다. 에리히 프롬Erich Fromm은 그의 저서 『사랑의 기술』에서 훈련·집중·인내·신념·겸손을 사랑에 필요한 특성으로 열거했습니다. 아이와 더 건강한 애착을 이루기 위해 필요한 것도 그와 다르지 않을 것입니다. 사랑은 감정 이전에 꾸준한 실천으로 자라납니다. 아이를 더 나은 방식으로 사랑하기 위해서 오늘도 끊임없이 노력하시기 바랍니다.

03
더 넓은 세계와 소통하다

" 그림책 속 언어는 부모의 따스한
  음성을 타고 아이 안에 스며들어
  천천히 고이고 차오릅니다.
  그 언어가 밖으로 터져 나올 때
  아이의 세계는 드넓게 확장됩니다."

더 넓은 세계와 소통하다

언어 발달

언어는 오직 인간만이 가진 도구입니다. 우리는 언어로 의사소통하고 사회적 관계를 맺습니다. 또 언어를 통해서 우리가 직접경험하는 것과는 비교할 수 없을 만큼 수많은 경험과 지식을 얻지요. 영유아기의 발달 역시 언어 습득의 전과 후로 나눌 수 있을 만큼 언어는 중요합니다.

아이러니하게도 언어 발달은 아직 말을 하지 못하는 영아기 동안 급격히 진행되어 유아기까지 아이들은 거의 완전히 모국어를 익힙니다. 이 '결정적 시기'에 아이들은 주로 '귀로 듣는 소리'를 통해서 우리말이 품은 울림, 리듬, 아름다움을 체험합니다. 당연히 일상의 언어 자극만으로는 충분치 않기에 그런 아이들을 위해서 부모는 부지런히 그림책을 펼쳐야 하지요.

그림책은 아이가 최초로 접하는 '문학'입니다. 부모의 무릎 위에 앉은 아이가 눈과 귀와 마음을 활짝 열고 그림책에 몰입하는 순간,

그림책 속 언어는 부모의 따스한 음성을 타고 아이 안에 스며들어 천천히 고이고 차오릅니다. 아이가 말을 알아들으면 말귀가 트였다고 하고, 말을 하기 시작하면 말문이 트였다고 하지요. '트였다'는 것은 막혀 있던 게 치워져서 '통한다'는 뜻입니다. 고이고 차오른 언어가 세상 밖으로 터져 나올 때 아이의 세계는 세상과 통하며 드넓게 확장됩니다.

전언어기

언어는 듣기·말하기·읽기·쓰기의 순서로 발달하는데, 그중 이 책에서는 영유아기의 발달 과제인 '듣기'와 '말하기'까지만 다루기로 하겠습니다. 우선 생후 1년은 구어를 말하기 이전인 '전언어기'prelinguistic stage로 듣기 능력이 발달하는 때입니다. 여기서 '듣기'란 아기가 들려오는 소리를 단순히 청각적으로 받아들이는 것을 넘어서 여러 소리들 사이에서 '말소리'를 구분해 주의를 기울이는 것을 뜻해요.

그럼 아기가 말소리의 '뜻'을 알기 시작하는 건 언제쯤일까요? 대략 7~12개월이면 제 이름이 들릴 때 고개를 돌려 쳐다보고, "엄마 어디 있어? 아빠 어디 있어?" 같은 질문에 엄마 아빠가 있는 쪽을 눈으로 좇기 시작합니다. 이때부터 아기가 듣고 이해하는 '수용언어'receptive language가 나날이 늘어납니다.

발달에서는 항상 산출 능력보다 이해 능력이 더 먼저 성숙하지요. 아기가 귀를 쫑긋 세운 채 부모의 말을 듣고 있다가 몇 달 뒤, 심지어 몇 년 뒤 자신의 말에 사용한다고 상상해보면 실로 놀라울 따름입니다. 신경심리학자들은 '거울 뉴런'mirror neurons이라는 신경세포의 기제로 이를 설명합니다. 아기가 말을 하지 못해도 부모가 말하는 것을 듣고 보는 동안에 실제로 말할 때 작동하는 신경세포가 마치 거울 같은 기능을 하며 활성화되어 모방학습이 일어난다는 것입니다.

전언어기에 아기는 듣기만 하는 게 아니라 말소리를 내기 위한 준비도 열심히 합니다. 출생 후 3~4개월 쯤이면 모음과 비슷한 소리를 길게 내며 소리내기를 즐기다가 점차 자음이 첨가되고, 5~6개월이 지나면서 "마마마, 바바바~"와 같이 한 음절로 된 소리를 반복하는 '옹알이'babbling를 해요. 혼자 누워서도 옹알이를 하고, 어떤 때는 신나서 괴성을 지르고는 깜짝 놀라기도 합니다. 아직 말은 아니지만 옹알이를 통해서 성대·입술·혀 등의 발성 기관을 워밍업하는 것이지요. 아기는 소통의 기쁨도 알게 되는데, 옹알이를 들은 부모가 응답을 해주고 아기가 다시 옹알이를 하는 것과 같은 '차례로 말하기'turn-taking 상호작용을 통해서 의사소통의 기초를 배웁니다.

전언어기가 끝날 무렵이면 아기는 '몸짓 언어'로 소통하는 방법도 알게 됩니다. 어른들이 가르쳐주는 동작과 의미를 기억해두었다가 "빠이빠이"라는 말 대신 손을 흔들고, "주세요" 대신 두 손을 모아 내밀고, "네" 대신 고개를 끄덕이지요. 또 "저거, 이거" 대신

『냉장고』
아라이 히로유키 글·그림
윤경란 옮김, 한림출판사

손가락으로 가리키기포인팅, pointing를 할 수 있습니다.

『냉장고』는 표지에 의인화된 귀여운 냉장고가 그려진 보드북입니다. 냉장고 외에도 『벽장』『서랍』『목욕탕』『화장실』 이렇게 다섯 권이 시리즈로 있는데, 집 안에 있는 이 사물과 공간들의 공통점은 바로 아기가 열어보길 좋아하고, 그 안에 여러 물건들이 있다는 거예요.

냉장고를 열고, "우유야" 하고 부르면 의인화된 우유가 "네!" 하고 대답한 뒤 다음 장을 넘기면 컵에 꼴꼴 꼴꼴 우유를 붓습니다. 이렇게 냉장고 안의 여러 먹거리들이 차례차례 등장하는데 모두 아기에게 친숙한 것들이며 마치 살아 있는 것처럼 대답하고 활동하는 모습이 아기의 시선을 사로잡아요. 아기는 부모가 읽어주는 이름들을 귀담아 듣다가 나중에는 "우유 어딨어? 딸기 어딨어?" 하는 부모의 물음에 손가락으로 그림을 포인팅하며 콕콕 짚어내게 될 거랍니다.

말귀에서 말문으로

개인차가 아주 크지만 아기들은 대체로 9~18개월 사이에 처음 말문이 트이는데, "엄마" "맘마" 같이 평소에 많이 들은 귀에 익은 말을 생애 첫 단어로 세상에 내놓습니다. 식탐이 유난했던 제 둘째 조카의 첫 단어는 "암자감자!"였지요. 이 시기에 아기가 말할 수 있는 표현 언어expressive language의 개수는 아직 적지만 그보다 대략 3~6배 이상의 단어를 이해수용 언어할 수 있습니다.

영유아기의 신체나 인지 발달이 비교적 일정한 속도를 유지하며 진행되는 데 비해서 언어는 일단 말문이 트이면 그 뒤로는 비약적인 발달이 일어납니다. 언어학자들은 18~24개월 전후를 언어의 '폭발적 팽창기'라고 말합니다. 아이는 마치 굶주린 진공청소기처럼 어휘를 빨아들이는데, 이때 습득하는 새로운 단어의 상당수가 사물의 '이름'입니다. 정말 끝없이 이름을 알고 싶어 하고 말하고 싶어 하지요. 이런 민감기에 여러 사물들이 맥락이 되는 배경과 함께 그려진 그림책은 이름을 배우고 말하는 '명명'에 빠진 아이의 관심을 사로잡을 수밖에 없습니다.

『잘잘잘 1 2 3』은 재미있는 전래동요와 이억배 선생님의 전통적인 그림이 잘 어우러진 그림책입니다. 매 장면마다 소부랑 힐미니, 두더지, 다람쥐 등의 등장인물이 나타나 저마다 다양한 활동을 하는데, 마지막에는 다 함께 시끌벅적 신나는 기차 여행을 떠나지요.

『잘잘잘 1 2 3』
이억배 그림, 사계절

　사실 이 그림책은 "하나 하면 할머니가 호박을 이고서 잘잘잘, 둘 하면 두더지가 땅굴을 판다고 잘잘잘" 하는 식으로 1~10까지 수 세기를 다루고 있습니다. 하지만 아이가 수 개념이 없어도 부모가 읽어주는 동안 귀로 들은 할머니, 호박, 두더지 같은 단어들을 그림 속에서 찾으며 사물 인지와 명명만으로 얼마든지 재미있게 책장을 넘길 수 있어요. 한글, 알파벳, 색, 모양 등 개념을 담은 그림책들 대부분이 아이들에게 친숙한 사물을 또렷한 그림으로 보여주므로 같은 쓰임으로 적합합니다.

　이렇게 새로이 사물의 이름을 익히면 아이는 그것을 토대로 스스로 언어의 규칙을 찾아서 활용하고자 합니다. 이때 흔히 나타나는 오류가 '과잉 확장'입니다. 이를 테면, 엄마가 『잘잘잘 1 2 3』을 읽어주며 여우를 가르쳐주자, 아이가 옆집 개를 보고도 "여우"라고 말하는 겁니다. 아이는 '털이 있고 네 발 달린 건 다 여우'라고 과잉 확장을 한 거예요. 어느 날 아이가 모든 남자를 가리키며 "아빠"라고 해도 너무 놀라지 마시기 바랍니다.

　열정적인 단어 수집가가 된 아이는 점차 단어들을 조합해서 문장을 만들기 시작합니다. 처음 만들어내는 문장은 "까까, 또!과자 또 주세요" "빠방, 어야!자동차 타고 밖에 나가요"처럼 대개 두 단어의 단순 결합입니다. 조사·접속사처럼 문법적인 기능을 가지는 '기능어'는 뺀 채, 명사·동사와 같은 내용을 전하는 '내용어'만을 사용하기에 눈치 빠른 '부모 번역기'가 필요하지요. 아이의 말에 부모가 곧장 주의를 기울이고 정확히 반응해주는 게 표현 언어의 발달에 긍정적인 피드백이 됩니다.

이 단계를 지나면 아이들은 부모가 말한 문장을 그대로 따라 하기도 하고 세 단어 이상의 문장을 완성하기도 하면서 모국어의 문법 체계를 습득해나갑니다. 이제 아이들은 더 많은 '문장 샘플'을 필요로 합니다. 문법적으로 정확하고 다양한 단어들이 적확하게 쓰일수록 좋으며 의사소통의 맥락 안에서 제공되면 더 좋습니다. 자, 답은 또다시 그림책에 있어요. 그림책의 단어와 문장들은 이야기 상황 속에서 그림과 함께 제시되므로 이해하기 쉽습니다. 또한 듣기에 그치지 않고 읽어주는 부모와의 상호작용을 통해서 다시 말해볼 수 있기 때문에 풍부한 언어 체험의 기회를 제공합니다.

『두드려 보아요』는 오래도록 사랑받고 있는 아기 그림책입니다. 주인공은 표지에서 문을 두드리는 뒷모습으로 단 한 번 등장합니다. 독자는 이 주인공의 시점으로 나머지 장면들을 보게 되지요. 서사는 단순합니다. 펼침면의 오른쪽 페이지에 파랑·빨강·노랑 등 색깔 문이 차례차례 나오고, 다음 장을 넘기면 방 안이 보이는데, 방마다 꼬마 아이, 토끼 가족, 키 작은 아저씨 등 각기 다른 인물이

『두드려 보아요』
안나 클라라 티돌름 글·그림, 사계절

등장합니다. 자세히 보면 방 안에 문이 하나씩 있고 그 문이 다음 방으로 이어지는 거예요.

색깔 문이 나올 때면 매번 같은 글텍스트가 나옵니다. "빨간형용사 문이에요. 똑! 똑!" 독자 아이는 노크하는 신체 동작을 하면서 이야기에 참여할 수 있고, 책장을 넘길 때면 문을 열고 방 안으로 들어간 것처럼 느낍니다.

방 안을 한번 볼까요? 방에 그려진 사물명사들은 아이에게 익숙한 것들인 데 비해서 저마다 다른 활동동사을 하고 있는 등장인물들은 비현실적입니다. 그렇기에 짧은 글텍스트에는 담기지 않은 다채로운 이야깃거리가 가득하지요. 똑! 똑! 두드릴 때마다 독자 아이의 기대감과 긴장감은 점점 상승되다가 마침내 집 밖으로 나오면 밤이 되고 책도 끝나요. 단순한 이야기를 감싸고 있는 조밀한 구성이 놀랍습니다.

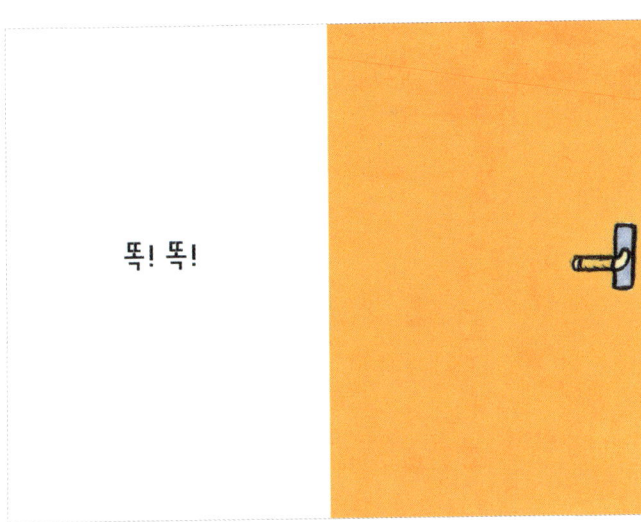

똑! 똑!

간단하고 반복적인 서사에 글도 아주 짧지만,
아이는 책과 상호작용하고 부모와 교감하며
풍부한 언어 체험을 할 수 있습니다.

그림책에 담긴 세 가지 언어

『잘잘잘 1 2 3』이나 『두드려 보아요』 그리고 제1장 「그림책 세상을 만나다: 감각 발달」에서 다룬 영아기 그림책들은 모두 최소의 서사를 가집니다. 하지만 언어 능력이 발달할수록 아이는 아기 그림책보다 서사가 있는 그림책을 선호하기 시작해요. 이제 다양한 서사가 있는 그림책들과 함께 한 번은 짚고 넘어가야 할 그림책의 특성 및 언어 발달과의 관련성에 대한 이야기를 해보고자 합니다. 이 책은 발달에 대한 책이기도 하지만 그림책에 대한 책이기도 하니까요.

그림책은 글과 그림으로 이야기를 전달하는 '시각 문학'visual literature 장르의 책입니다. 그저 '그림이 있는 애들 책'이라고 여기면 곤란해요. 그림책의 한 장 한 장은 미술 작품이기에 혹자는 '들고 다니는 미술관'이라고 말하기도 합니다. 그림책의 서사는 그 한 장 한 장을 넘기며 전개됩니다. 책장을 넘기는 동안 독자는 글이 들려주는 이야기글텍스트, 그림이 들려주는 이야기그림텍스트, 그리고 글과 그림의 주변에서 들려주는 이야기파라텍스트, paratext에 눈과 귀와 마음을 기울어야 그림책을 온전히 이해할 수 있습니다. 이것이 바로 그림책의 세 언어입니다.

글텍스트

우선, 그림책의 '글텍스트'는 각 장면의 그림을 이해하는 맥락과 앞 장과 다음 장의 그림을 연결하는 맥락을 제공합니다. 또 그림에서 무엇을 보아야 할지를 안내하여 그림을 읽는 틀을 제공합니다. ('글 없는 그림책'의 경우, 글텍스트는 없지만 서사가 있기에 '숨겨진 글텍스트'처럼 작용합니다.) 한 장의 그림 안에 다 표현할 수 없는 시간의 흐름, 등장인물의 구체적인 성격, 미묘한 감정도 글텍스트로 더 잘 전달할 수 있고, 소리의성어와 움직임의태어을 흉내 낸 말, 인물들 간의 대화 등은 이야기에 생동감을 줍니다.

그림책은 본질적으로 부모가 아이에게 소리 내어 읽어주는 책이기에 글텍스트는 아이가 듣고 이해할 수 있도록 짧고 함축적이며 문장 구조도 단순한 편입니다. 이것은 그림이 보여주는 부분까지 글이 중언부언하지 않고 불필요하게 늘어지는 것을 피하기 위해서이기도 합니다. 하지만 그림책의 글텍스트를 그 밖의 문학 텍스트와 비교했을 때의 가장 큰 차이점은 마쓰이 다다시가 말했듯이 "귀로 들어서 알기 쉽고, 즐겁고, 아름답다"는 점이 아닐까 합니다.

그럼 귀로 들어서 즐겁고 아름다운 글이란 어떤 것일까요? 바로 운율을 통해서 음악적이고 청각적인 요소가 더해진 글입니다. 예를 들어, 글텍스트에 의성어·의태어를 적절히 쓰거나 같은 음절·단어·문장을 반복적으로 써서 리듬감을 살리는 것입니다.

『곰 사냥을 떠나자』는 곰을 잡으러 간다는 어느 가족의 유쾌한 노래로 시작됩니다.

"곰 잡으러 간단다. 큰 곰 잡으러 간단다. 정말 날씨도 좋구나! 우

『곰 사냥을 떠나자』
마이클 로젠 글,
헬린 옥슨버리 그림, 공경희 옮김,
시공주니어

린 하나도 안 무서워."

이 단락이 여러 차례 반복되면서 가족은 풀밭, 강, 진흙탕, 숲, 눈보라 같은 장애물들을 차례로 뚫고 가지요. 특히 장애물을 만나는 흑백 드로잉 장면이 나오면 그다음에는 성공적으로 통과하는 장면이 컬러로 나오는데, "사각 서걱!" "덤벙 텀벙!" "바스락 부시럭!" 같은 의성어들이 세 번씩 점점 크게 써 있어서 그 또한 리듬감에 기여합니다.

이렇게 '장애물-통과'의 2박자 구조가 반복되다가 마침내 동굴에서 진짜로 곰과 맞닥뜨렸을 때, 2박자 구조는 와르르 무너지고 가족들은 겁에 질린 채 왔던 길을 전속력으로 되돌아갑니다. 이때도 의성어들이 빠르게 반복되며 긴박감과 속도감을 더하지요. 이렇게 『곰 사냥을 떠나자』는 단락과 구조, 의성어의 반복, 문장의 앞과 끝에 같은 운의 글자를 사용해 운율을 잘 살렸고, 그림책 한 권

『고구마구마』
사이다 글·그림, 반달(킨더랜드)

이 고스란히 노래처럼 느껴집니다.

　필명마저 재미있는 사이다 작가의 『고구마구마』는 언어유희의 요소가 더 강한 그림책입니다. 기다란 덩굴을 쭉 당기니 이런저런 생김새의 고구마들이 주렁주렁 딸려 올라와요. "둥글구마, 길쭉하구마, 크구마, 작구마" 등등 '-구마'가 각운으로 반복되며 사투리의 재치와 개성 있는 일러스트까지 어우러져서 귀로 듣기도 재미있고 읽어주기도 즐거운 그림책이 되었습니다.

　그림책의 글텍스트는 짧지만 까다롭습니다. 그림책 작가와 번역가들이 심사숙고하여 선택하고 다듬은 언어로 짧은 한 줄 한 줄을 촘촘하게 채워 나가지요. 언어 발달의 결정적 시기에 아이는 부모가 읽어주는 그림책을 들으면서 청각적 집중력과 어휘력이 향상되고, 말의 리듬, 높낮이, 끊어 읽기 등 섬세한 언어 기술을 경험하며, 이야기를 이해하는 언어 감각이 길러집니다. 또한 올바른 문법을 익히고, 세련된 모국어의 문학적 감각을 체득할 수 있습니다.

그림텍스트

그림책의 '그림텍스트'는 그림의 형태, 선, 색, 질감, 사용한 재료의 특성 등에 메시지를 담아서 전달하는 역할을 합니다. 독자들은 글텍스트를 순차적으로 읽거나 들어서 의미를 이해하지만, 그림텍스트는 직관적으로 받아들입니다. 그렇기에 글로 쓰면 구구절절 길어질 정보들을 그림으로 한눈에 보여줄 수 있어요. 또, 글텍스트가 지칭하는 대상과 공간이 그림을 통해 더 구체화되고 명료해지기도 합니다.

흥미롭게도 아직 글을 모르는 어린아이일수록 그림에 더 잘 집중합니다. 그 이유는 우선, 영유아기에는 시각 정보를 처리하는 우뇌가 좌뇌보다 더 먼저 발달하여 우세하기 때문입니다. 또, 부모가 글을 읽어주므로 글텍스트를 해석하는 데 필요한 노력을 그림에만

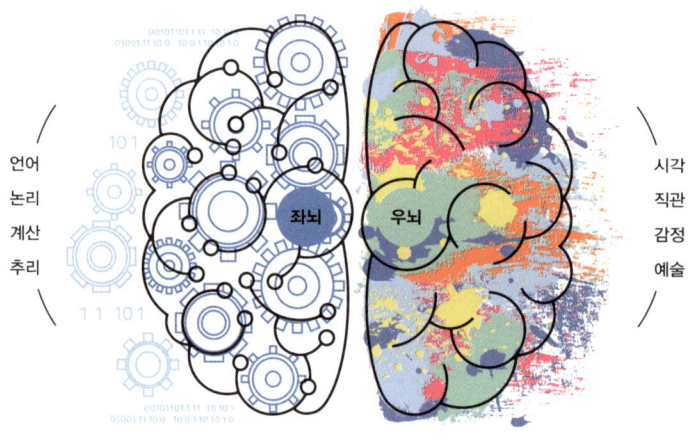

좌뇌와 우뇌의 기능

기울일 수 있고요. 덕분에 아이는 더 깊이 이야기에 빠져들고 마치 이야기 안에 들어가 있는 것처럼 느낄 수 있습니다.

하지만 우리가 그림을 보며 그 안에 담긴 정보를 충분히 이해하기 위해서는 언어로 풀어서 생각하는 '언어화 과정'이 필요합니다. 이렇게 그림 역시 단순히 보는 게 아니라 읽어내야 하기에 '그림 읽기'picture reading라고 말하지요. 팻 허친스Pat Hutchins의 『로지의 산책』 첫 문장은 이렇습니다.

"암탉 로지가 산책을 나갔어요."

이후의 글텍스트 어디에도 로지에 대한 추가적인 묘사는 없습니다. 독자는 오로지 그림 읽기를 통해서 로지가 전형적인 암탉의 생김새와는 다른 야무진 몸집의 빨간 암탉이며, 고개를 쳐든 채 앞만 보고 씩씩하게 걷는다는 것을 알 수 있습니다.

사실, 그림을 읽는 것도 경험과 연습이 필요합니다. 그림은 실제

『로지의 산책』
팻 허친스 글·그림,
김세실 옮김, 봄볕

타박타박 마당을 가로지르고

를 있는 그대로 보여주지 않아요. 그림책을 읽어주다 보면 아이가 "어디?" 하고 물을 때가 종종 있습니다. 바로, 귀로 들은 글텍스트가 언급하는 부분을 그림텍스트에서 미처 찾지 못했을 때입니다. 그림마다 차이가 있지만 그림 역시 문자처럼 상징화된 기호입니다. 따라서 글의 '문해력'literacy과 마찬가지로 그림을 읽고 해석하는 '시각적 문해력'visual literacy이 필요합니다.

다시 『로지의 산책』을 펼쳐보겠습니다. 이 그림책의 글텍스트는 로지의 산책 코스만을 이야기해주는데, 마당, 연못, 마른풀 더미, 풍차 방앗간, 울타리, 벌통을 차례차례 지나가는 로지는 여유롭고 평화롭기 그지없습니다. 그런데 글텍스트에는 전혀 없는 긴박한 상황이 그림텍스트에서 펼쳐져요. 여우 한 마리가 눈을 부릅뜨고

그림책을 읽어주는 동안 아이는 귀에 들리는 것을 눈으로 보게 됩니다. 하지만 이 그림책은 '보이는 것'과 '들리는 것'의 관계를 뒤엎었어요. 그림 속의 여우는 마치 무언극의 배우처럼 존재합니다.

로지를 뒤쫓지만 매번 헛수고를 하는 겁니다.

현은자 교수2004에 따르면, 그림책의 글과 그림의 관계는 크게 세 유형으로 나눠볼 수 있습니다. 첫째, 글이 들려주는 이야기와 그림이 보여주는 이야기가 서로 일치하는 '대응 관계'가 있고, 둘째, 글이 그림을 보충하고 그림이 글을 보완하기에 글과 그림을 모두 고려해서 읽어 나가야 그림책을 완전하게 이해할 수 있는 '상호 보완 관계'가 있습니다. 셋째, 글과 그림이 서로 다른 이야기를 하는

'굴절 관계'인데, 이는 다시 글과 그림이 모순된 이야기를 하는 '아이러니'와 글과 그림이 다른 관점에서 다른 이야기를 하는 '대위'로 나눌 수 있습니다.

『로지의 산책』은 바로 마지막의 '대위' 관계라고 할 수 있습니다. 만약 그림텍스트를 읽는 시각적 문해력이 없다면 이 그림책이 주는 재미를 조금도 느낄 수 없을 거예요. 글텍스트와 그림텍스트가 전혀 다른 이야기를 함으로써 들리는 것과 보이는 것을 충돌시켜 긴장과 웃음을 만들어내고 있기 때문입니다. 이 관계를 눈치챈 독자 아이들은 로지에게 여우의 존재를 알려주고 싶어서 안달복달하겠지요. 그림책은 이렇게나 재미있습니다!

아이가 점점 더 많은 그림책을 보고 다양한 그림텍스트를 경험할수록 더욱 정교한 시각적 문해력이 자라납니다. 그 능력은 이후 문자 기호를 읽고, 쓰고, 이해하는 문해력의 발달과 성숙한 '읽기 독립'으로 자연스럽게 이어져요. 결국 아이에게 필요한 것은 일찍부터 서둘러 글자를 가르칠 게 아니라 더 많은 그림책을 읽어주는 일입니다.

파라텍스트

작가들은 글과 그림텍스트뿐만 아니라 파라텍스트를 통해서도 이야기를 전달합니다. '파라'para는 '주변' '곁'이라는 뜻입니다. 엄밀하게 구분하면, 그림책의 직접적인 구성 요소이자 종이책으로서의 물성인 판형·표지·면지·타이포그래피 등의 '페리텍스트'

peritext와 그림책에 간접적으로 영향을 미치는 외부 요소인 작가의 인터뷰·저서·독자 서평·광고 등의 '에피텍스트'epitext로 나뉘는데, 파라텍스트라고 하면 대부분 페리텍스트를 가리킵니다.

  이수지 작가는 전 세계에 팬을 보유한 우리나라의 대표 그림책 작가입니다. 『파도야 놀자』는 바닷가에 놀러 간 아이와 파도의 이야기로 '글 없는 그림책'wordless picture book이에요. 가로가 긴 판형인데, 책장을 펼치면 두 배로 길어져서 바다의 공간감이 시원스럽게 드러납니다.

  표지에는 너른 수평선과 넘실대는 파도를 바라보는 주인공 아이의 뒷모습이 그려져 있습니다. 아이의 포즈는 파도를 향해 다가가는 것 같기도 하고, 파도를 피해 물러나는 것 같기도 한데, 그 모습은 이 그림책이 담고 있는 이야기를 암시합니다. 작가가 직접 쓴 제목의 타이포그래피에는 파도처럼 너울이 일고, 아이의 치맛자락과 머리카락도 역동적으로 나부낍니다. 표지와 본문을 맞붙인 자리인 앞면지에는 텅 빈 모래사장이, 뒷면지에는 모래사장 위에 파

『파도야 놀자』
이수지 글·그림, 비룡소

도가 남기고 간 바다의 선물들이 그려져 있어요. 그사이에 무슨 일이 일어난 것일까요?

 본문을 펼치면 책 가운데 제본선을 마치 경계처럼 사이에 두고 왼쪽에는 목탄으로 그린 주인공 아이가, 오른쪽에는 아크릴 물감으로 그린 푸른 파도가 있습니다. 아이는 파도에 발을 담글까 말까 망설이며 '밀당'을 하다가 끝내 경계를 넘고 파도와 하나가 되어 파랗게 물들지요. 그런데 이수지 작가가 아이를 그린 왼쪽 종이는 목탄의 질감이 잘 표현되는 종이고, 파도를 그린 오른쪽 종이는 물감의 색이 잘 표현되는 종이로 서로 종류가 달랐다고 합니다. 작가가 작품을 설명하는 에피텍스트를 참고하지 않는 한 독자는 끝내 알 수 없는 사실이지만, 작가는 메시지를 더 잘 전달하기 위해 최

이수지 작가의 '경계 3부작' 가운데 한 권인 이 그림책은 화면의 경계와 주인공 아이의 마음속 경계를 흥미로운 방식으로 탐구하고 있습니다.

선의 노력을 기울인 것입니다.

이렇게 표지·타이포그래피·종이가 독자에게 어서 이야기 안으로 들어오라고 재촉하며 손짓합니다. 파라텍스트는 독자가 현실 세계에서 그림책 속 이야기 세계로 자연스럽게 들어갈 수 있도록 도와줍니다. 또, 그림책의 내용을 예상할 수 있게 유도함으로써 흥미와 재미를 불러일으키며 그림책 읽기 경험을 보다 다층적으로 이끌어줍니다.

지금까지 설명한 그림책의 세 언어인 글텍스트·그림텍스트·파라텍스트는 각기 따로따로 존재하는 것이 아니라 한데 어우러져서 하나의 이야기를 만들어냅니다. 이 셋은 서로를 보조하는 것을 넘어 불가분의 관계로 결합되어 있기에 크게 한 덩어리로 '아이코노텍스트'iconotext라고도 부릅니다. 재현된 그림을 뜻하는 '아이콘'icon과 '텍스트'text가 결합된 말이지요. 다시 말하면, 그림책은 글텍스트 · 그림텍스트 · 파라텍스트가 융합해서 메시지를 만들어내는 아이코노텍스트적인 서사 공간이라고 할 수 있습니다.

그림 한데 뭉쳐진 세 언어를 어떻게 해야 잘 읽어낼 수 있을까요? 바로 앞과 뒤를 오가면서 읽는 '순환 읽기'와 되풀이해서 읽는 '반복 읽기'를 통해서 입니다. 그림책의 세 언어는 독자와 소통하는 방식이 각기 다르기에 여러 번 볼 때마다 이전에는 미처 몰랐던 것을 새롭게 발견하면서 의미를 확장해나갈 수 있습니다. 아이들은 같은 그림책을 읽고 또 읽어 달라고 하면서도 매번 재미있어 하지요. 같은 그림책이지만 볼 때마다 다르게 보기 때문입니다. 아이들은 가르쳐주지 않아도 그림책을 제대로 즐기는 방법을 알고 있습니다. 그러니 그림책은 두고두고 오래오래 보아야 하며, 그럴수록 그림책의 독서 경험은 더욱 풍부해질 것입니다.

언어 발달을 위한 읽어주기의 기술

그림책은 부모가 아이에게 '소리 내어 읽어주는'reading aloud 방식으로 전달됩니다. 읽어주는 동안 부모와 아이 사이에는 어떤 일이 일어날까요? 우선, 부모와 아이는 함께 주의를 기울이며 그림책이라는 하나의 세계를 '공유'합니다. 부모의 몸에서 나온 목소리가 아이의 몸귀를 통해서 마음을 울리고, 그 울림이 다시 부모에게 전해져서 부모의 몸목소리에 반영되는 '상호 울림'이 발생하지요. 상호 울림의 순환이 잘 일어날 때 부모와 아이는 일체감을 느낍니다.

이 과정에서 아이는 수동적으로 듣기만 하는 게 아니라 부모와 적극적으로 상호작용을 하게 되고 그러면서 언어 발달이 일어납니다. 물론 다른 영역들의 발달도 함께요. 더불어 그림책의 재미와 효용을 알게 되면서 '읽기 동기'가 자라나는데, 칭찬이나 상 같은 외적 이유 때문이 아니라 그림책을 읽는 시간 자체가 보상이 되는 겁니다. 내적 읽기 동기는 꾸준한 독서 습관에 큰 영향을 미치는 변인입니다. 그러니 그림책의 가치는 그림책을 읽어주는 사람에게 달려 있다고 해도 지나치지 않으며, 어떻게 읽어주는가의 문제가 매우 중요합니다. 아이의 언어 발달을 돕기 위해서 그림책을 읽어 줄 때에는 어떻게 읽어주면 좋을까요?

첫째, 그림책 속 어휘들의 의미와 이야기의 분위기를 부모의 목소리·표정·몸짓에 한껏 담아 읽어줌으로써 전달력을 높입니다. 아이가 글텍스트를 완전히 이해하지는 못해도 짐작할 수 있도록 도와주는 거예요. 『도와줘, 늑대가 나타났어!』는 부모와 아이, 아이와 그림책의 상호작용을 최대화하는 전략을 사용한 그림책입니다. 늑대가 다가오는 상황에서 작가의 목소리가 그대로 툭 튀어나와서 "책장을 넘겨" "책을 오른쪽으로 기울여" "뒤집어" 하며 지시를 해

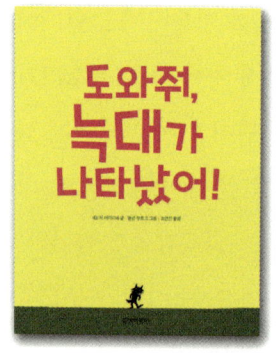

『도와줘, 늑대가 나타났어!』
세드릭 라마디에 글, 뱅상 부르고 그림
조연진 옮김, 길벗어린이

요. 부모가 그 긴박한 상황을 목소리와 표정으로 연출하고 오른쪽이 어디인지, 뒤집는 게 무슨 뜻인지 몸짓으로 보여주며 읽을 때, 아이는 이야기에 푹 빠져들어 그림책을 이리저리 움직이며 늑대를 물리치기 위해 최선을 다할 거랍니다.

둘째, 그림책을 읽어주는 중간중간에 대화를 나누면서 더 많은 상호작용을 시도합니다. 이때 다양한 '질문'으로 아이의 언어 반응을 먼저 이끌어낼 수 있는데, 『괜찮아 아저씨』라는 그림책을 예로 설명해보겠습니다. 이 귀여운 아저씨에게는 딱 열 가닥의 머리카락이 있고, 그 소중한 머리카락이 이런저런 이유로 한 가닥씩 빠집니다. 그때마다 아저씨는 새로운 헤어스타일을 시도하며 "오, 괜찮은데?" 하고 외치는 초긍정성을 보여주지요.

가장 쉽게 할 수 있는 질문은 그림책 속 이야기나 그림에 대한 질문입니다.("아저씨 머리카락이 왜 빠진 거야?" "아저씨 기분이 어때 보여?" "아저씨의 새로운 머리 모양 어때?") 또, 아이가 이미 읽은 다른 그림책과 연결지어 질문할 수도 있습니다.("어제『미용실에 간

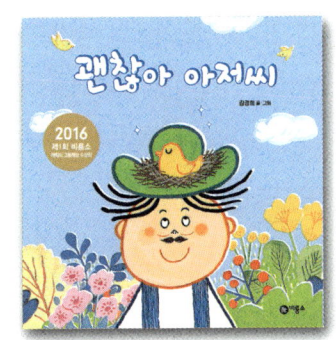

『괜찮아 아저씨』
김경희 글·그림, 비룡소

사자』 읽었잖아. 그 책에는 어떤 머리 모양들이 나왔는지 생각나?" "괜찮아 아저씨가 동물 친구들과 노는 걸 보니까 엄마는 검피 아저씨가 생각나. 검피 아저씨는 동물 친구들과 무엇을 했지?")

무엇보다, 아이가 개인적인 경험을 이야기해볼 수 있게끔 이끄는 질문이 좋습니다.("이 중에서 엄마는 어떤 머리 모양을 해줬었지? 너는 뭐가 가장 좋았니?" "아저씨는 '오, 괜찮은데?'라는 말을 늘 하잖아. 네가 가장 많이 하는 말은 뭘까?" "너는 거울에 네 모습을 비춰 보면 어떤 생각이 들어?") 이런 질문은 언어 발달에 도움이 될 뿐만 아니라, 문학은 본질적으로 '나'로 들어가는 것이기에 책을 통해 자신의 이야기를 해보는 연습을 할 수 있습니다.

이런 질문들을 통한 대화는 아이에게 문해력의 토대가 되어줄 것입니다. 문어를 이해하고, 이해한 것을 통해 생각하고 말하는 훈련을 충분히 해야 스스로 문자를 읽는 '읽기 독립'을 한 뒤에도 단지 독해에만 그치지 않고 의미 너머까지 사고할 수 있게 됩니다. 물론 언제나 과유불급을 고려해야 하지요. 지나치게 많이 질문하면 오히려 아이에게 방해가 되고, 학습과 관련된 질문에 치중하거나("열 가닥에서 세 가닥을 빼면 몇 가닥이 남았지?") 아이의 발달 수준에 비해 어려운 질문을 하면("긍정이란 무얼까? 너는 긍정적이니, 부정적이니?") 아이는 금세 흥미를 잃을 것입니다.

셋째, 그림책을 읽어주는 동안 아이가 각 장면의 그림을 구석구석 볼 수 있도록 충분한 시간을 줍니다. 그러기 위해서는 글텍스트를 다 읽어줬더라도 천천히 책장을 넘기고, 앞서 질문하기에서 설명한 것처럼 인물의 표정·배경·소품·색깔 등등 그림에 대해 대화를 나눕니다. 간혹 읽어주는 동안 부모가 손가락으로 글텍스트를 한 줄 한 줄 가리키는 경우가 있는데, 그보다는 글텍스트가 말하는 그림을 가리키는 게 더 도움이 됩니다.

특히 『파도야 놀자』 같은 글 없는 그림책을 읽어줄 때에 그림 읽기가 더욱 중요합니다. 글텍스트가 없으니 무엇을 읽어주어야 하는지 당황할 수 있는데, 그림 속에 이야기가 있으므로 부모의 눈에 보이는 그림들에 대해서 이야기하고, 아이에게 질문하고, 대화하면 됩니다. 오히려 더 자유롭고 재미있게 그림책을 볼 수 있지요.

그림 읽기는 시각·지각과 인지 활동이 통합된 고도의 시각적 사고 활동입니다. 단순히 '보는 것'에 그치지 않고 의미를 추론하고, 경험이나 지식과 연결해서 재해석하고, 그림이 주는 정서에 공감할 수 있어야 해요. 이 모든 게 아이의 시각적 문해력을 발달시켜 줄 것입니다.

디지털 시대의 도전

지금까지 살펴본 읽어주기 방법의 중심에는 다름 아닌 '부모'때로는 주 양육자가 있습니다. 아이를 위해 새로운 그림책을 찾아내고, 그 그림책에 먼저 빠져들고, 아이에게 열정적으로 읽어주며, 아이 눈높이에서 대화하는 부모 말입니다. 그런데 요즘에는 기계가 더 멋지게 읽고 보여줄 수 있다며 도전장을 던집니다. 소리 나는 펜, 전자책, 유튜브 동영상 등이 그렇습니다. 스마트폰이나 태블릿으로 증강현실AR, augmented reality 앱을 다운받은 뒤 책 위에 대면, 스크린을 통해서 화려하고 아름다운 3차원의 가상 이미지가 나타나기도 합니다. 종이책으로는 결코 도달할 수 없는 상상력의 세계가 펼쳐지지요.

네, 디지털 미디어에는 분명 많은 장점이 있습니다. 하지만 저는 우려되는 점부터 이야기하려고 합니다. 먼저, 읽기가 독서가 아니라 단지 즐거움만을 추구하는 '오락'이 되어버릴 수 있습니다. 버튼을 조작하고 화면을 터치하는 것이 가만히 이야기에 귀 기울이고 눈으로 그림을 보는 것보다 더욱 강력하고 재미있는 자극이기 때문입니다. 아이들이 디지털 기기에 과몰입할수록 부모가 읽어주는 그림책은 지루할 뿐이에요.

학자들은 이 같은 디지털 미디어의 특성 때문에 아이들의 주의가 산만해지는 것도 걱정합니다. 심리학자 하워드 가드너Howard Gardner는 디지털 시대의 인간이 한 가지 일에 오래 집중하지 못하고 이리저리 주의를 빼앗기는 '메뚜기 정신'을 가졌다고 진단했고, 어떤 과학자들은 이미 우리 뇌가 팝콘처럼 튀어 오르는 강렬한 자극에만 반응하는 '팝콘 브레인'이 되었다고도 말합니다. 아이들도 디지털 미디어에 익숙해질수록 점점 더 적극적으로 새로운 자극을 요구합니다. 그러니 오래도록 들여다보고, 반복해서 보고, 생각을 위해 머무를 수가 없어요. 머무르는 시간이 있어야 기억에 저장할 수 있고 꺼내어 회상할 수 있는데 말입니다.

무엇보다 저는 디지털 미디어 때문에 많은 부모들이 아이의 발달 과정에서 가장 필요한 순간에 그림책 읽어주기를 그만 두는 것을 우려합니다. 소리 나는 펜의 성우 목소리가 아무리 좋아도 부모의 음성만큼 따듯하고 풍부하지 않아요. 전자책이 아무리 발달해도 부모처럼 아이와 대화할 수 없을뿐더러 부모처럼 아이를 안아 줄 수도 없습니다.

그렇다면 아이들을 무조건 디지털 미디어와 접촉하지 못하게 해야 할까요? 요즘 아이들은 디지털 환경에서 태어나 디지털 기기를 전혀 낯설어하지 않고 일상에서 자연스럽게 사용하는 '디지털 원주민'입니다. 대부분의 아이들이 3세 이전에 스마트폰을 경험해요. 이미 유엔아동권리협약 17조는 어린이들을 나쁜 정보로부터 보호하는 동시에 유익한 미디어를 장려하는 게 정부의 의무임을 규정하고 있습니다. 전 세계가 코로나 팬데믹을 겪는 동안 교육 현장에서는 비대면untact 교육을 가능하게 해주는 디지털 미디어의 순기능을 경험했습니다. 디지털 세상은 피할 수 없는 현실인 것입니다.

『다시, 책으로』의 저자이자 인지신경학자인 매리언 울프Maryanne Wolf는 중요한 것은 '균형'이라고 했습니다. 무조건적인 금지, 몇 살까지는 안 된다는 장벽을 세우지 말고, '아이가 그림책보다 디지털 기기를 더 좋아해서는 안 된다'는 것을 판단 기준으로 삼자는 것입니다. 그러기 위해서는 막연한 불안과 걱정을 넘어 아이를 둘러싼 디지털 환경에 대한 부모의 적극적인 관심과 개입이 꼭 필요합니다.

디지털 미디어는 아이의 발달에 한계를 만들 수도 있지만, 반대로 더 넓은 언어와 정신의 세계로 인도할 수도 있습니다. 디지털 시대를 현명하게 맞이하기 위해서는 부모와 아이가 함께 소통하고 경험해야 합니다. 우리 아이들은 그림책에서 디지털 기기로, 부모의 무릎에서 스마트폰과 컴퓨터로 천천히 유연하게 오가며 얼마든지 양쪽 모두와 친해질 수 있습니다. 책은 결코 사라지지 않을 것이며 '깊이 읽기'의 경험은 세상과 소통하는 우리의 삶을 더욱더 충만하게 만들 것입니다.

04

생각의 틀을 짜다

"무한한 가능성의 시기에 부모는
아이가 스스로 인지 능력을
발휘하고 생각할 수 있는 힘을
기를 수 있도록 격려하고
자극해야 합니다."

생각의 틀을 짜다

인지 발달

인지cognition란 눈·코·입·귀와 같은 감각 기관을 통해서 받아들인 외부 세계의 정보들을 이해하고, 사고하고, 기억하는 정신 활동입니다. 영유아의 인지 발달은 온통 낯설고 새로운 세상에 대해 배우는 과정이며, 그 결과로 세상에 적응할 수 있게 되지요.

생후 2년 동안의 인지 발달은 어느 정도 타고난 능력의 발현이라고 할 수 있습니다. 3~7세 동안에는 인지 발달이 양적·질적으로 가속화되는데, 이때가 바로 고등 사고 기능을 담당하는 대뇌 반구의 앞부분인 전두엽이 집중적으로 발달하는 때이기도 합니다. 이 시기 아이들의 뇌 활동량은 어른의 두 배에 이르며, 신경세포뉴런 간의 연결인 '시냅스'synapse가 무수히 많이 만들어집니다. 아이들은 눈에 보이는 모든 것에 대해서 궁금증을 가지고 "왜?"라고 묻는데, 대답을 들어도 또 "왜?" 하고 반문하며 꼬리에 꼬리를 무는 질문을 해요. '중2병'만큼 무섭다는 '왜요병'에 걸린 아이들은 무엇이든 받아들일 준비가 되어 있습니다.

이 무한한 가능성의 시기에 부모는 아이들에게 무엇을 주어야 할까요? 더 많은 지식을 가르쳐주어야 할까요? 더 많은 학습의 기회를 제공해줘야 할까요? 그보다 중요한 것은 아이가 스스로 인지 능력을 발휘하고 생각할 수 있는 힘을 기를 수 있도록 격려하고 자극하는 것이며, 여기에 그림책이 좋은 도구가 되어줄 수 있습니다.

전조작기

오랫동안 어린이의 학습과 발달을 연구했던 피아제는 인지 발달의 과정을 감각운동기·전조작기·구체적조작기·형식적조작기의 4단계로 나누었습니다. '감각운동기'는 감각과 운동 능력을 이용해서 세상을 경험하는 때이며, '전조작기'는 말 그대로 아직 논리적이고 조작적인 사고를 하지 못하는 때입니다. 이 두 단계가 바로 영유아기에 해당됩니다. 이후 학령기가 되면 아이들은 '구체적조작기'에 이르고, 눈에 보이는 것이나 직접경험한 구체적인 것에 대해 초보적인 조작적 사고를 할 수 있습니다. 그러다가 청소년기부

피아제의 인지 발달 단계

터 비로소 추상적이고 상징적인 것까지 사고할 수 있는 '형식적조작기'에 도달하지요.

앞서 제1장 「그림책 세상을 만나다: 감각 발달」에서 감각운동기에 대해 이미 이야기했으므로, 이 장에서는 2~7세까지 나타나는 '전조작기'preoperational period에 대해서 알아보도록 하겠습니다. 전조작기의 아이들이 보이는 가장 흥미롭고 특징적인 인지 형태로는 상징적 표상·자기중심성·물활론을 들 수 있습니다.

상징적 표상

'상징적 표상'symbolic representation은 지금 눈앞에 있지 않은 대상을 정신적으로 떠올릴 수 있는 능력입니다. 전조작기에 이른 아이가 소꿉놀이를 하며 빈 접시에 과자가 있는 척 냠냠 맛있게 먹는 시늉을 하는 장면을 상상해보세요. 아이가 과자의 이미지와 개념을 머릿속에 떠올릴 수 있기 때문에 가능한 것입니다.

『이건 상자가 아니야』의 표지는 마치 골판지 상자를 만지는 것 같은 촉감을 느끼게 합니다. 책장을 넘기면 상자 안에 들어가 있는 아기 토끼가 보여요. 상자 안에서 뭐하고 있냐고 묻자, 아기 토끼는 상자가 아니라고 답하며 운전을 하는 척합니다. 아기 토끼는 머릿속으로 자동차를 떠올린 거예요. 다시 책장을 넘기고 상자 위에 올라가 있는 아기 토끼에게 상자 위에서 뭐하고 있냐고 묻자, 이번에는 등산을 하는 척합니다. 산을 떠올린 것이지요. 이렇게 상징적 표상 능력을 가지면 흔하디흔한 상자 하나로도 아이들은 얼마든지

『이건 상자가 아니야』
앙트아네트 포티스 글·그림,
김정희 옮김, 베틀북

신나게 놀 수 있습니다.

상징적 표상의 더 발전된 형태는 언어입니다. 언어는 사람들 사이의 약속이에요. '과자'라는 낱말을 듣는 순간, 우리말을 아는 아이들은 자동적으로 과자를 떠올립니다. 아이가 듣고, 이해하고, 말하는 어휘가 늘어난다는 것도 상징적 표상 능력이 발달하는 것입니다. 그림 역시 상징적 표상인데, 예를 들어 낙서 같은 선을 쭉쭉 그린 아이에게 그게 뭐냐고 물으면 자신 있게 '엄마'라고 답해요. 비록 조금도 닮지 않았더라도 아이는 분명히 엄마의 모습을 떠올리며 그린 것입니다.

자기중심성

'자기중심성'egocentrism은 전조작기의 아이들이 오로지 자신의 관점으로만 세상을 바라보며 다른 사람들도 자기와 똑같은 생각을 할 거라고 믿는 성향을 가리킵니다. 이런 자기중심성을 이기심이라고 이해하면 곤란합니다. 아직 타인의 관점이나 입장을 취하

『오리야? 토끼야?』
에이미 크루즈 로젠탈 글,
탐 리히텐헬드 그림, 서연 옮김, 아이맘

지 못하고 직관적인 사고를 하는 것일 뿐이니까요. 할머니와 통화를 하다가 자기가 그린 그림을 보여주겠다는 아이는 전화기 너머 할머니가 그림을 볼 수 없다는 사실을 미처 생각하지 못합니다. 또 그림책 속 주인공이 집 밖에 나타난 괴물에게서 왜 도망치지 않는지 답답해하는 아이는 주인공이 괴물을 볼 수 없다는 것을 이해하지 못합니다.

여러분은 『오리야? 토끼야?』의 표지 그림이 오리로 보이시나요, 토끼로 보이시나요? 마치 착시 그림처럼 알쏭달쏭한 그림을 사이에 두고 왼쪽 페이지의 화자는 오리라고 주장하고 오른쪽 페이지의 화자는 토끼라고 주장하며 서로 다툽니다. 오리라고 주장하는 쪽에서는 기다란 부리가 더 눈에 띌 것이고, 토끼라고 주장하는 쪽에서는 기다란 귀가 부각되어 보일 거예요. 그림이 살짝 흔들리면 오리라고 주장하는 쪽에서는 오리가 하늘을 나는 모습으로 보이고, 토끼라고 주장하는 쪽에서는 토끼가 깡총깡총 뛰는 모습으로 보일 것이고요. 이렇게 두 화자는 자기중심성을 드러내며 평행선을 달리다가 결국 관점에 따라 보이는 게 다르고, 그 결과 타인과 내가 다른 생각을 가질 수도 있다는 것을 인정한답니다.

물활론

마지막으로 '물활론'animism은 생명이 없는 사물이 살아 있고, 움직일 수 있으며, 생각과 감정이 있고 함께 대화할 수 있다고 믿는 사고입니다. 식탁에 머리를 부딪힌 아이는 식탁을 야단치며 '때찌 때찌'를 해주는 엄마의 너스레에 울음을 멈추고, 애착 인형을 자신의 동생이나 친구처럼 대하고, 신발과 옷, 꽃과 나무에게 말을 걸지요. 밤이 되면 해님이 숨었다고 생각하고, 자동차를 타고 갈 때는 달이 따라온다고 믿습니다. 어쩐지 낯설지 않은 장면들이지요? 우리가 그림책에서 만나는 많은 이야기들이 이런 물활론적 사고를 담고 있으며, 사람처럼 의인화된 무생물 캐릭터가 등장하기도 합니다.

『노란 풍선』의 주인공 아이는 달처럼 노란 풍선을 소중히 여깁니다. 그 풍선은 아이가 길에서 받은 것인데 자꾸만 둥둥 떠서 날아가려고 해요. 전조작기의 아이들은 특히 이렇게 움직이는 것을 '살아 있다'고 느낍니다. 다행히 엄마가 풍선에 숟가락을 매주자, 풍선은 떠 있는데도 날아가지 않습니다.

아이는 같이 놀자며 마당으로 나가서 노란 풍선에게 예쁜 꽃을 따주고, 나뭇잎 머리띠를 만들어주고, 소꿉놀이를 하며 맛있다고 먹어보라고도 합니다. 아이가 노란 풍선을 대하는 모습은 마치 소

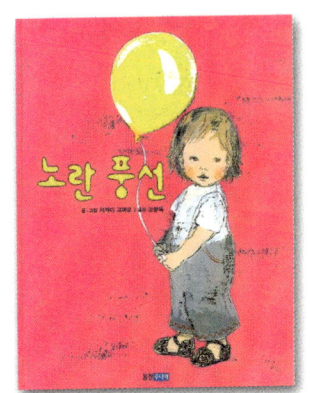

『노란 풍선』
사카이 고마코 글·그림,
고향옥 옮김, 웅진주니어

중한 단짝 친구와 노는 것 같아요. 아이의 모습과 행동 하나하나가 너무나 실제 아이 같아서 더욱 사랑스럽게 느껴지는 그림책입니다.

최근의 연구에 따르면, 요즘 아이들은 100여 년 전에 피아제가 생각했던 것보다 확실히 더 이른 나이에 생물과 무생물의 차이를 이해하기도 하고 자기중심적 사고를 탈피하기도 합니다. 그럼에도 부모가 이런 발달심리 개념을 이해하는 것은 중요합니다. 언뜻언뜻 드러나는 아이의 행동을 이론적 틀에 적용해서 바라보면 의미 있게 생각하게 되고, 계속 관찰하며 집중하게 되고, 결과적으로 아이가 지닌 더 많은 세계와 만날 수 있게 될 것입니다.

개념의 발달

'인지'를 가장 쉬운 말로 표현하면 무엇일까요? 바로 '앎'입니다. 인지 발달이 일어난다는 것은 궁극적으로 더 넓은 세계를 알게 되다는 것이며, 세상을 이루고 있는 많은 것들에 대한 '개념'concept 을 가지게 된다는 뜻입니다. 개념이란 어떤 사물이나 사건의 성질, 특징의 공통점을 토대로 해서 얻는 추상적인 생각이에요. 개념은 직접·간접경험이 쌓이면서 생겨나고, 그렇게 해서 생긴 개념들은 세상을 이해하는 틀이자 행동을 위한 준거가 됩니다. 이를 테면, 골목길에서 갑자기 튀어나오는 자동차를 보고 깜짝 놀랐던 경험 아이는 '자동차는 위험하다'개념고 생각하며 조심하고 피할 수 있게 됩니다.

『구멍을 파는 것』이라는 책은 거의 70여 년 전에 출간된 고전 그림책으로, 모리스 샌닥이 20대 초반에 그린 일러스트를 들여다보는 재미가 있습니다. 책을 펼치면, 마치 아이들이 만든 낱말 사전처럼 여러 낱말들의 정의가 내려져 있어요. '구멍은 파는 것' '발가락은 꼼지락거리는 것' '조약돌은 모아서 차곡차곡 쌓아 올리는 것' '산은 꼭대기까지 올라가는 것' '책은 들여다보는 것' 등과 같은 재미있고 신선한 정의들은 각 대상에 대해 아이들이 가진 '개념'입니다. 이 작은 그림책을 통해서 아이들의 자유로운 시선, 단순 명료한 사고, 열린 세계관과 마주할 수 있답니다.

이렇게 유아기에 발달하는 개념들을 큰 범주로 묶어보면 학습과 관련된 주요 개념들이 눈에 띕니다. 바로 수·공간·시간·생물 개념인데요, 이 네 가지를 간략히 살펴보도록 하겠습니다.

「구멍은 파는 것」
루스 크라우스 글, 모리스 샌닥 그림,
홍연미 옮김, 시공주니어

수 개념

수 개념은 둘 중 어느 쪽이 더 많고 어느 쪽이 더 적은지 수량을 직관적으로 아는 '수량 변별'이 가장 먼저 발달하고, 그다음으로 하나와 하나를 짝 짓는 '일대일 대응'이 발달합니다(예를 들어, 요구르트 병에 빨대를 하나씩 꽂기). 수 세기는 기억한 수 이름을 줄줄 암송할 뿐인 '기계적 수 세기'가 먼저 발달하고, 점차 사물과 수를 일대일로 대응하며 순서대로 수를 세어 마지막 수가 총 개수임을 아는 '합리적 수 세기'로 발전하고요.

『한 마리 여우』에는 '숫자로 만든 스릴러 그림책'이라는 부제가 달려 있습니다. 부제만 읽고도 뭔가 흥미진진하고 두근두근합니다. 배고픈 여우 한 마리[1]가 두 눈[2]을 가늘게 뜨고, 통통한 암탉 세 마리[3]를 노려보며 이야기가 시작되고, 숫자가 늘어갈수록 여우는 점점 더 닭장에 가까워집니다. 여우는 과연 암탉을 잡아먹을 수 있을까요? 마지막에 드러나는 반전과 유머에 아이들은 "또!"를 외치지 않을 수 없을 거예요. 그렇게 반복하다 보면 자연스럽게 수 세기를 익히고 숫자를 이미지나 이야기와 함께 기억하게 됩니다.

『한 마리 여우』
케이트 리드 글·그림,
이루리 옮김, 북극곰

공간 개념

공간 개념은 주변 사물들의 형태를 알고, 우리가 살아가는 3차원 세계 안에서 나와 사물 사이 또는 사물과 사물 사이의 거리·분리·위치·방향 등을 이해하는 것을 말합니다. 먼저, '형태' 인식은 말을 시작한 아이가 '빠방'을 그려달라고 하고 '야옹이'를 그려달라고 할 때부터 빠르게 자라나기 시작합니다. 그렇게 아이는 저마다 변치 않는 모양이 있음을 깨닫고, 점차 기초 도형을 익히면서 일상에서 그것과 닮은 형태를 변별할 수 있게 됩니다.

『알록달록 동물원』에는 장면마다 원·세모·네모 같은 도형 형태로 구멍이 뚫려 있습니다. 책장을 넘기면 그 도형들이 서로 겹쳐지면서 사자·생쥐·여우 같은 다양한 동물 모양을 만들어내지요. 창의적이고 신기한 구성이 아이의 주의를 사로잡으며 기초 도형과 시각적·언어적으로 친숙하게 해줍니다.

'거리'는 가깝고 먼 것에 대한 인식이고, '분리'는 붙어 있는지 떨어져 있는지를 아는 것부터 더 나아가 부분과 전체에 대한 인식

『알록달록 동물원』
로이스 앨러트 글·그림,
문정윤 옮김, 시공주니어

으로 확장됩니다. 이 두 공간 개념을 토대로 앞·뒤·다음·사이 같은 '위치'에 대한 이해가 생겨요. 열려 있고 닫혀 있는 것을 아는 '개폐' 개념은 안과 밖을 이해하는 데 기초가 됩니다. 이상의 공간 개념들은 6~7세 즈음이면 거의 획득되며 아이가 일상의 활동에서 공간적 사고를 어떻게 활용하는지에 따라 영향을 받습니다.

시간 개념

시간 개념은 무엇이 먼저 일어나고 무엇이 그다음에 일어난 것인지를 아는 시간적인 '순서', 어떤 일의 '지속' 시간에 대한 대략적인 감각, 더 긴 '간격'과 더 짧은 '간격'의 구분, 하루·주·달·해와 같은 시간의 '흐름' 등에 대해 가지는 개념입니다. 아이의 시간 개념은 어린이집과 유치원에 규칙적으로 다니기 시작하면서 눈에 띄게 발달하는데, 하루의 일과가 시간에 따라 정해져 있고, 계절이나 시즌 이벤트 등을 강조하는 기관 생활의 특성 때문입니다.

1분은 60초이고, 얇은 초침이 60번, 긴 분침이 한 번 움직이는 짧은 시간입니다. 그림책『1분이면…』은 그 짧은 시간 동안 우리가 얼마나 많은 걸 경험하고 느낄 수 있는지를 보여줍니다. 이를 테면 1분이면 눈을 20번 깜박거릴 수 있고 강아지를 꼭 안아줄 수 있습니다. 1분은 우리의 감정에 따라 짧게도, 아주 길게도 느껴지는데, 회전목마를 타는 신나는 1분은 눈 깜짝할 새 흘러가지만 치과에서 치료를 받는 1분은 정말 길어요. 이렇게 아이들의 눈높이에서 객관적 시간 개념과 감정에 따른 주관적 시간 관념에 대해서 이야기해볼 수 있습니다.

생물 개념

살아 있다는 게 어떤 것인지 아는 생물 개념은 어린 아기들에게서도 관찰됩니다. 관찰 연구에 참여한 9개월 아기들은 사람, 토끼, 무생물의 순으로 흥미를 보였는데, 이는 사람과 동물을 구별하고 생물과 무생물을 구별했다는 뜻이에요. 전조작기의 물활론적 사

『1분이면…』
안소민 글·그림, 비룡소

고 때문에 달을 살아 있다고 여기거나 인형을 생물로 생각하는 등의 착오를 일으키긴 하지만, 생물과 무생물에 대한 개념은 유아기 동안 지속적으로 확장됩니다. 아이들은 움직이고, 먹고, 소리 내고, 자라고, 아프고, 죽는 등의 생물적 특징들을 이해하게 되며, 움직이지 못하는 식물도 생물이고 사람도 동물이라는 것을 깨닫게 됩니다. 생물 개념의 예가 되는 그림책은 이 장의 후반에 있는 '정보 그림책'informational picture book에서 다시 이야기하겠습니다.

이처럼 유아기 동안 아이들은 실로 방대한 개념들을 만들어가는데 그 원동력은 어디에 있을까요? 바로 세상을 향해 활짝 열린 '호기심'입니다. 아이들은 일상에서 만나는 모든 것에 끊임없이 호기심을 가지고 바라보고, 만지고, 질문하며 개념의 폭을 넓혀갑니다.

호기심의 폭발

호기심의 사전적 정의는 '새롭고 신기한 것을 좋아하거나 모르는 것을 알고 싶어 하는 마음'입니다. 알고자 하는 욕구에 더해서 그것을 탐색하는 행동까지가 반짝이는 호기심을 이루지요. 영아기의 호기심이 신기한 모든 것을 입에 넣고 탐색하는 구강기 욕구에서 출발한다면, 유아기의 호기심은 인지적 욕구에서 출발하며 "왜?"라는 끝없는 질문으로 이어집니다.

그림책 『왜냐면…』의 주인공 아이는 여름비가 부슬부슬 내리는 날, 유치원에 마중 나온 엄마의 손을 잡고 집으로 돌아가며 묻습니다. "엄마, 비는 왜 와요?" 엄마들에게는 너무나 익숙한 '왜'의 늪, '왜'의 덫입니다. 자, 어떤 대답을 내놓아야 할까요? 귀찮아하면서 "글쎄다" "아빠한테 물어봐" "저번에도 말해줬잖아"와 같은 대답으로 아이의 입을 막을 수도 있고, 또는 "여름이라 땅이 뜨거우니까 물방울들이 하늘로 올라가는데 거기는 공기가 아주 차가워. 그래서 물방울들은 구름이 되고…" 이렇게 조기 교육의 기회로 삼을 수도 있을 것입니다.

하지만 그림책 속 엄마는 아주 다정하면서도 엉뚱한 대답을 내놓지요.

"하늘에서 새들이 울어서 그래."

아이의 이어지는 '왜'에도 엄마는 매번 기상천외한 답을 하는데, 어른인 저조차 책장을 넘기며 어떤 답이 나올지 궁금할 정도이

『왜냐면…』
안녕달 글·그림, 책읽는곰

아이의 "왜?"라는 질문에 엄마는 상상력과 유머가 가득한 대답을 내놓습니다. 아이의 호기심이 즐거움이라는 보상을 얻을 때 알고자 하는 욕구도 더 커집니다.

니, 아이는 얼마나 두근두근 재미있을까요? 안녕달 작가 특유의 상상력과 재치 덕분에 어느새 아이의 귀갓길은 환상의 세계로 변합니다.

꼭 기억할 것은 아이의 '왜'라는 질문에 언제나 정답이 필요한 것은 아니라는 겁니다. 중요한 건 아이의 눈높이에서 흥미로운 답, 생각하고 상상할 수 있도록 이끌어주는 답, 그리고 무엇보다 아이의 호기심을 존중하는 답을 말해주는 거예요. 아이가 호기심을 가진 대상에 대해서 계속 탐구하고자 하는 동기를 가질 때 단순했던 호기심은 본격적인 관심과 흥미로 발전해나갑니다. 호기심이 있다면 가르칠 필요가 없어요. 스스로 배울 것이기 때문입니다.

학습의 출발점

아이가 호기심을 가지고 알게 된 개념들이 곧바로 흩어져 사라지지 않고 언제든 다시 떠올릴 수 있도록 도와주는 인지 능력도 있습니다. 바로 '주의'attention와 '기억'memory입니다. 중요한 자극에 온 정신력을 모아서 집중하는 '주의'와 주의를 기울여서 얻은 정보를 머릿속에 저장했다가 필요할 때 떠올리는 '기억', 이 두 가지 없이는 학습이 이루어지지 않고 지식이 쌓이지 않습니다.

주의집중력

대개 '주의집중력'이라고 하면, 필요한 만큼의 긴 시간 동안 계속해서 주의를 집중할 수 있는 '지속적 주의'sustained attention와 여러 자극들 중에서 꼭 필요한 것에만 주의를 집중할 수 있는 '선택적 주의'selective attention를 포괄해서 말합니다. 두 돌 즈음의 아이가 한참 동안 앉아서 꼬물꼬물 혼자 놀고 짧은 그림책 한 권을 다 읽어줄 때까지 얌전히 들을 수 있는 것은 '지속적 주의'가 발달하기 때문이에요. 하지만 어른처럼 아주 긴 시간 동안 주의를 집중할 수 있는 능력은 뇌의 성숙이 충분히 이루어진 청소년기에 이르러서야 가능합니다.

'선택적 주의'는 예를 들어, 유치원에 간 아이가 주위의 많은 자극들에도 선생님의 말에만 귀를 기울일 때, 장난감이 가득 든 상자 속에서 특정한 장난감 하나를 찾아낼 때, 그림 속에 감춰진 사물

『금붕어가 달아나네』
고미 타로 글·그림,
엄기원 옮김, 한림출판사

을 찾아내는 숨은그림찾기를 할 때 발휘되는 능력입니다. 불필요한 자극을 걸러내고 흩어지려고 하는 정신력을 통제할 수 있어야 하므로 역시 필터 역할을 하는 뇌 기능이 발달해야 합니다. 선택적 주의 능력은 초등학교 입학 무렵에 급격히 발달하고 고학년이 되면 어른과 비슷한 수준에 이릅니다.

고미 타로五味太郎의 그림책에는 언제나 기발한 아이디어와 유쾌함이 넘칩니다. 『금붕어가 달아나네』는 어항 속 금붕어가 달아나서 화분의 꽃으로 숨었다가, 사탕 단지 속에 들어가기도 하고, 텔레비전 안이나 장난감들 사이에 숨기도 해요. 독자는 장면마다 펼쳐지는 복잡한 배경 속에서 금붕어를 찾아내야 하는데, 바로 선택적 주의력과 세심한 관찰력이 필요한 활동입니다.

기억력

감각 기관으로 들어온 어떤 자극에 우리가 지속적·선택적으로 주의를 기울이면 자극을 받아들인 신경세포들이 활성화되고, 그 과정이 반복되면 신경세포들이 서로 연결시냅스됩니다. 자극은 이 복잡한 신경망을 통해서 뇌가 처리할 수 있는 형태로 부호화되어 저장되는데, 그게 바로 기억이고 학습입니다.

우리의 뇌에 입력된 모든 정보들은 일단 '단기 기억'short-term memory 저장고에 일시 저장되었다가 그중 일부만 '장기 기억'long-term memory 저장고로 옮겨져 영구히 기억됩니다. 나머지는 기억에 실패하는 것이지요. 그래서 우리는 필요한 정보들을 장기 기억으로 저장하려고 치열한 노력을 합니다. 가장 효과적인 기억 책략 가운데 하나는 아이들이 흔히 쓰는 방법인 중얼중얼 소리 내어 '시연'rehearsal하는 것입니다. 뇌는 소리를 잘 기억하는데, 여러 번 반복할수록 장기 기억이 될 확률이 높아집니다. 또 서로 관련 없는 정보들에 임의로 관계를 설정해서 기억하는 '정교화'elaboration 책략도 있습니다. '깃발'과 '닭'을 기억해야 할 때에 '깃발을 든 닭'이라는 상황과 이미지를 떠올리면 훨씬 더 쉬워지지요. 뇌는 이야기와 이미지를 좋아합니다. 아이들이 어린 시절에 좋아했던 그림책을 어른이 되어서도 기억하는 것은 이야기와 이미지 덕분입니다.

『기억의 풍선』에서는 추억이 입혀진 기억을 색색깔의 풍선에 빗대어 이야기합니다. 주인공 아이는 자신이 동생보다 더 많은 풍선을 가지고 있고, 엄마 아빠는 자신보다 훨씬 더 많은 풍선을 가지고 있으며, 가장 많은 풍선을 가지고 있는 건 할아버지라고 말합니다. 그런데 어느 날부터 할아버지가 풍선을 하나둘씩 놓치기 시작합니다. 기억이 점점 사라지는 치매에 걸린 거예요. 아이는 속상해

『기억의 풍선』
제시 올리베로스 글,
다나 울프카테 그림, 나린글

서 눈물을 흘리지만, 마침내 할아버지의 풍선들이 모두 날아가버리자, 이제 할아버지에게 자기 풍선들에 담긴 추억을 들려주며 함께한답니다. 아이들에게 기억에 대한 이해뿐만 아니라 가족의 의미도 일깨워주는 아름답고 감동적인 그림책입니다.

끝으로 기억에 대한 흥미로운 궁금증 몇 가지를 풀어보도록 하겠습니다. 주의집중의 순간은 겉으로도 드러나기 때문에 아기들도 자극에 주의를 기울인다는 것을 알 수 있습니다. 그럼 아기들도 무언가를 '기억'할 수 있을까요? 아기가 수건이나 옷으로 바닥을 닦는 행동을 합니다. 부모가 걸레질하는 모습을 흉내 내는 것인데, 부모의 행동과 손에 든 걸레의 모양에 주의를 기울였다가 그 정보를 저장하고 성공적으로 기억해낸 거예요. 지금 눈앞에서 일어나는 일이 아닌 이런 '지연 모방'deferred imitation에서 아기에게도 기억력이 있음을 알 수 있습니다.

이렇게 아기도 기억할 수 있는데, 왜 우리들 대부분은 아기 적의 일을 기억하지 못할까요? 자, 재미 삼아 장기 기억 저장소의 가장 깊숙한 곳에 있는 당신의 첫 기억을 꺼내보세요. 저의 첫 기억은 방 안에서 아기 여동생과 함께 엄마를 기다리며 울던 일이에요. 어머니한테 여쭤보니 네 살 무렵이라고 하셨고, 그 이전의 기억은 없습니다. 많은 사람들의 첫 기억이 그 즈음에서 시작됩니다.

심리학자들은 인간이 30개월 이전의 일을 기억하지 못하는 현상을 '영아기 기억상실증'infant amnesia이라고 부르며, 두 가지 가설로 이유를 설명합니다. 하나는 30개월 이전에는 장기 기억을 담당하는 뇌 부위가 아직 미성숙하기 때문에 그때의 기억이 남아 있지 않다는 것입니다. 또 하나는 언어가 발달하지 않은 아기들은 시각이나 촉각 같은 감각으로 정보를 기억하다가 말을 하게 되면서부터 언어로 기억하는데, 이 두 기억 체계의 차이 때문이라고 설명하기도 합니다.

그럼 아주 어린 유아들이 특정한 대상에 대해 놀라운 기억력을 보이는 건 어떻게 설명할 수 있을까요? 저의 첫 조카는 서너 살 무렵 자동차에 푹 빠져 있었습니다. 처음에는 그림책을 보며 다양한 탈것들의 이름을 말하기 시작하다가 점점 온갖 장난감 자동차를 모으더니 어느새 실물 자동차들의 브랜드를 외고 각 회사의 엠블럼emblem, 상징적 문양을 외우기 시작했지요. 또 친구의 아이는 비슷한 나이 적에 발음도 안 되는 작은 입을 오물거리며 길고 어려운 공룡들의 이름을 읊어댔고요. 이 꼬마들이 자동차와 공룡 이름을 척척 알아맞힐 때마다 어른들은 물개 박수를 치며 환호했습니다.

어른들은 이들을 기억력 천재로 여겼지만, 비밀은 '지식'에 있었습니다. 우리는 선행 지식이 있는 정보일수록 더 잘 기억하고 더 오래 기억할 수 있어요. 자동차가 가진 속도와 형태, 공룡의 외양과 크기는 아이들에게 아주 매력적이라 흥미를 불러일으킵니다. 그 흥미 덕분에 자동차와 공룡에 관한 정보들을 더 많이 모으고 그럴수록 지식은 더욱 확장되며 그 결과 점점 더 잘 기억할 수 있게 되는 것입니다. 한때 비범한 기억력을 보였던 그 꼬마들은 지금은 평범하고 건강한 청년들로 잘 자라 있답니다.

지적 세계를 넓히는 정보 그림책

이렇게 인지 발달의 정점에서 세상에 대한 호기심과 알고자 하는 욕구가 활짝 열린 아이들에게 무엇보다 양질의 정보 그림책을 꼭 읽어주라고 권하고 싶습니다. '정보 그림책'은 다양한 분야의 사실과 정보를 담은 그림책입니다. '사실'이라는 원자료raw data를 흥미롭게 가공하여 '정보'를 만들고 그 정보가 독자에게 가 닿아 '지식'이 되지요.

흔히 정보 그림책이라고 하면 어렵거나 지루한 책을 떠올리기 쉬운데, 정보 그림책은 아이들에게 모든 걸 알려주는 책도, 정보를 가득 담아서 아이의 마음을 압도하는 책도 아닙니다. 훌륭한 정보 그림책의 진짜 목적은 단지 정보와 사실을 제공하는 게 아니라, 사실이 주는 즐거움·감동·경이로움을 전하고, 알고 싶었던 세계에 대한 호기심을 충족시켜 주며, 몰랐던 세계에 대한 새로운 발견과 흥미를 제공하는 것입니다. 정보와 사실은 목적이 아닌 수단일 뿐입니다.

『살아 있는 모든 것은』의 왼쪽 페이지에는 한 편의 시와 같은 사실 그대로의 글텍스트가 있고, 오른쪽 페이지에는 섬세한 세밀화가 있습니다. 첫 장면에는 둥지 속의 알이 보이고, 다음 장면에는 부서진 총알고둥의 껍질이 보여요. 그리고 글텍스트는 이런 이야기를 들려줍니다.

> "살아 있는 모든 것에는 시작이 있고 끝이 있단다. 그 사이에만 사는 거지. 우리 주위의 어디에서나 항상 무엇인가는 시작되고 무엇인가는 끝이 나고 있지."

작가는 생명의 내부에서 진행되는 일에 독자의 시선을 고정시킵니다. 탄생에서 죽음으로 이어지는 생명의 법칙을 풀도, 새도, 물고기도, 결국 사람도 벗어날 수 없지요. 앞서 설명했던 생물 개념이 이 한 권의 그림책 안에 고스란히 담겨 있습니다.

> "가끔 살아 있는 것들은 앓기도 하고 다치기도 하지. 대개는 곧 낫지만 너무 많이 다쳐서, 너무 많이 앓아서 더 이상 못 살고 죽기도 한단다. 어려서도, 늙어서도 그사이 어느 때라도 끝이 올 수 있

『살아 있는 모든 것은』
브라이언 멜로니 글,
로버트 잉펜 그림, 마루벌

단다."

이 텍스트는 조금도 틀림 없는 사실이지만, 그 사실이 전하는 통찰과 감동은 어떤 만들어진 이야기보다도 깊고 묵직합니다.

그렇다고 해서 정보 그림책에서 픽션의 요소가 완전히 배제되는 건 아닙니다. 정보 그림책에도 허구의 인물이 나타나 꾸며진 이야기를 전개시키기도 합니다. 다만, 픽션에서는 이야기가 메인이지만 정보 그림책에서는 사실이 메인이고 이야기는 표현 수단으로 쓰일 뿐입니다.

『에너지 충전』의 표지에서 붕어빵을 번쩍 들어올린 귀여운 두 아이는 동생을 놀리는 게 취미인 짓궂은 형 선동이와 순진한 동생 율동이에요. 선동이는 율동이의 어깨에 있는 예방주사 자국을 가리키며 '로봇 자국'이라고 그럴싸한 거짓말을 하고, 깜박 속아 넘어간 율동이는 로봇 에너지를 채우기 위해서 온갖 방법들로 에너지 충전을 합니다. 웃음이 절로 나는 귀여운 두 형제의 이야기를

『에너지 충전』
박종진 글, 송선옥 그림,
소원나무

읽다 보면 놀랍게도 어느새 다양한 에너지의 종류와 원리를 깨치게 되지요.

　이런 사실과 정보는 아마도 디지털 미디어를 통해서 더욱 흥미롭고 입체적인 방식으로 제공될 수 있을 것입니다. 터치 한 번, 클릭 한 번으로 더 많은 배경 지식으로 이동할 수 있는 세계는 아이와 어른 모두에게 매력적이지요. 하지만 많은 연구자들은 디지털 미디어를 통해서 아이들이 얻는 정보의 양은 방대할지라도 그 정보가 장기 기억으로 저장되지 못한다는 사실을 지적하고 있습니다. 디지털 시대의 아이들이 더 많이 보고 더 많이 아는 것 같지만 지식으로 축적되지 못하는 이유는, 수많은 정보를 충분히 생각하고 처리할 시간이 없기 때문이에요. 빠른 속도로 새로운 자극을 제시하는 디지털 미디어는 어서 다음으로 넘어가라고 아이를 재촉할 뿐입니다. 그렇게 충분히 반복되지 않은 자극은 머지 않아 그냥 사라져버립니다. 시냅스의 '가지치기'가 일어나는 것이지요.

제3장 「더 넓은 세계와 소통하다: 언어 발달」에서도 말했듯이 그림책 읽기는 '머무르는 읽기'이기 때문에 책장을 넘기는 게 조금도 시급하지 않습니다. '숙달mastery의 욕구'를 가진 아이들은 같은 것을 읽고 또 읽어달라고 하면서 그 안에서 매번 스스로 새로운 의미와 질서를 찾고, 다양한 차원의 메시지를 이해하고, 서로 통합합니다. 어느 순간 아이는 부모가 책장을 넘기기 전에 다음 장에 무엇이 나올지 예측할 수 있게 되고 그때 아이가 느끼는 만족감과 성취감은 비할 데 없이 큽니다.

아라이 마키荒井真紀는 『튤립』 『해바라기』 『민들레』 등 다수의 식물 그림책들을 펴낸 작가입니다. 『나팔꽃』은 나팔꽃 씨앗이 흙 속에서 뿌리를 내리고, 떡잎과 본잎이 자라고, 덩굴을 뻗치고, 마침내 꽃이 피고, 다시 씨앗을 맺기까지의 한살이를 순차적으로 보여줍니다. 글텍스트는 흐트러짐 없이 간결하고 명확하며, 정교하고 아름다운 그림, 무엇보다 여백이 많은 그림과 잘 어우러집니다. 책을

『나팔꽃』
아라이 마키 글·그림,
사과나무 옮김, 크레용하우스

나팔꽃의 한살이를 담은 이 정보 그림책은
지나치게 많은 생태 정보를 담기보다는
자연의 순리와 아름다움을 충분한
여백을 살려서 표현하고 있습니다.

 읽는 아이는 온갖 식물이나 생태 정보들로 채우지 않은 그림책 속 여백을 생각과 상상으로 채울 수 있습니다. 그렇게 이 한 권의 그림책은 흔하디흔한 나팔꽃에 대한 새로운 의미의 씨앗을 아이의 마음속에 정성 들여 심습니다.
 지난 시대 동안 우리의 삶을 규정하던 모든 패러다임이 빠르게 변화하고 있는 이때에 부모가 아이에게 알려줄 수 있는 '정답'은 더 이상 존재하지 않습니다. 그보다는 좀더 풍요로운 경험을 제공하고, 느긋하게 시행착오를 기다려주며, 알고자 하는 호기심을 격려하는 게 가장 중요할 것입니다. 그렇게 인지 발달의 과정에서 아이들 각자가 스스로 만들게 될 '생각의 틀'은 '세상을 담는 틀'이 되어 평생토록 아이와 함께할 것입니다.

05
마음에 말을 걸다

"감정은 저마다의 색으로
아름답습니다. 아이들이 풍성한
감정 사전을 가지고 성장해
모두가 자기 감정의 진짜 주인이
될 수 있기를 바랍니다."

마음에 말을 걸다

정서 지능

부모는 아이를 키우며 자주 높고 낮은 벽과 마주칩니다. 특히 '감정'이라는 벽 앞에서 더욱 지치고 막막해지지요. 아이의 언어와 인지 능력의 한계로 감정에 대해 충분히 소통하기 어려울뿐더러 때때로 부모 자신의 감정까지 벽을 뒤덮은 담쟁이덩굴처럼 얽히고설키니까요. 어린아이도 어른과 똑같은 방식으로 감정을 느끼고 표현할까요? 아이의 감정 표현에 어떻게 대처해야 좋은 부모 노릇을 하는 것일까요? 그림책을 읽어주는 게 아이의 정서 발달에 정말로 도움이 될까요? 이런 궁금증에 답하기 위해서 많은 육아서들이 감정에 대해 다루고 있고, 베스트셀러 그림책들 가운데 다수가 아이들의 감정을 소재로 하고 있습니다.

대체 감정이란 무엇일까요? '감정'emotion은 외부에서 온 자극에 우리가 내적 의미를 부여한 결과로 나타나는 마음 상태입니다. 예를 들어, 뱀외적 자극이 나타나자 낯설고 징그러운 생김새에 나에게 해를 끼치지는 않을까 생각하게 되고내적 의미, 그래서 '공포'라는 감정이 생기는 거예요. '감정'과 달리 '기분'feeling은 특별한 이유 없이 지속되는 느낌이기에 '감정'과 '기분'은 다릅니다. 발달심리학에서는 '감정'보다는 '정서'라는 용어를 더 많이 쓰지만, 이 책에서는 우리에게 익숙한 '감정'으로 쓰도록 하겠습니다.

인간의 기본 감정은 영아기부터 발달하여 인지·사회성·도덕성 등 다른 여러 발달에 영향을 미치며, 그 영향은 아동기·청소년기·성인기까지 지속되고 누적됩니다. 나와 타인의 감정을 충분히 이해하고, 적절히 조절하고, 올바르게 표현함으로써 마음의 자유를 누리며 살아야 진정으로 행복한 삶일 것입니다.

감정의 탄생

아기에게 감정은 의사소통의 수단입니다. 기저귀가 젖으면 울고, 안거나 얼러주면 미소를 짓는 등 언어 대신에 감정을 표현하여 부모와 소통하지요. 지금부터 생의 첫해에 나타나는 '기본 감정'basic emotion들을 살펴보겠습니다.

아기는 태어나서 2개월이 지나면 기분 좋은 외부 자극이 있을 때 미소를 지으며 반응하기 시작하는데, '배냇짓' 같은 반사 행동과는 확연히 다릅니다. 아기는 점차 사람을 향해서 짓는 '사회적 미소'social smile로 '기쁨'이라는 감정을 표현해요. 그에 대해 어른 역시 기쁨과 애정으로 화답해 아기로 하여금 더 자주 사회적 미소를 짓게 만들지요.

아기는 놀람·혐오·공포 같은 감정들도 순차적으로 드러냅니다. '놀람'은 예상치 못한 시끄러운 소리 같은 자극에 대한 감정 반응이에요. '혐오'는 예를 들어, 약을 먹일 때 얼굴을 찡그리며 혀로 밀어내는 모습에서 볼 수 있습니다. '공포'라는 감정은 대략 7~8개월 무렵에 낯선 사람을 보고 낯가림을 할 때나 엄마가 보이지 않을 때의 분리불안에서 드러나요. 아기는 스스로를 지킬 수 없으므로 울음으로 공포를 표현하고 도움을 청합니다.

아이가 '화'를 터뜨리는 건 돌 전후에 나타나서 이후 몇 해 동안 그 빈도와 강도가 점점 증가합니다. 여타의 감정들을 이해하고 표현하고 조절하는 능력이 없기에 뭉뚱그려서 화로 표출하기 때문입니다. 그래서인지 부모들이 가장 다루기 힘겨워하는 감정이기도 해요. 다양한 감정 그림책들 중에서 화에 대한 그림책이 유독 많이 판매되는 것을 보아도 알 수 있습니다.

『화가 나서 그랬어!』의 주인공 벨라는 집집마다 하나씩 있다는 '미운 세 살'의 아이콘처럼 하루 종일 떼쓰고 소리치고 화를 냅니다. 벨라는 마치 화를 내기 위해서 화를 내고, 화를 내다가 더 화가 나는 것처럼 보이기도 합니다. 하지만 벨라의 행동만 볼 게 아니라 마음속을 들여다보면 사정이 다르답니다. 겉으로 드러나는 벨라의 화가 우르르 쾅쾅 하며 폭발하는 화산이라면, 보이지 않는 땅속에서는 동생에 대한 질투·부러움·당혹감·불안 같은 여러 감정들이 부글부글 끓고 있었던 거예요. '화'라는 감정은 결코 혼자 오지 않

「화가 나서 그랬어!」
레베카 패터슨 글·그림,
김경연 옮김, 현암주니어

아요. 아이도 어른도 마찬가지입니다.

벨라가 느끼는 감정들은 앞서 이야기한 기본 감정보다 훨씬 더 복잡한 감정으로 '자의식 감정'self-conscious emotion 또는 '복합 감정'complex emotion이라고 일컫습니다. 아이의 인지 능력이 자라서 자기 인식과 평가가 이루어지고 어른들이 기대하는 게 무엇인지도 차츰 생각할 수 있는 두 돌 무렵부터 드러나는데, 수줍음·당혹감·질투·죄책감·수치심·좌절감·자부심 등의 감정들이 이에 속합니다.

'수줍음'과 '당혹감'은 아이가 타인의 관심을 의식하면서 그에 대한 불편감과 불안감에서 비롯되는 감정입니다. '질투'는 부모의 관심이 형제자매나 다른 아이를 향할 때 두드러지게 나타납니다. 잘못을 저질렀을 때 느끼는 '죄책감'은 자신이 해를 끼쳤다는 가책과 후회이고, '수치심'은 그 잘못을 바라보는 시선으로부터 숨고 싶은 감정입니다. 이 두 감정은 부모의 훈육이 본격적으로 시작되면서 자라나는데, 부모가 아이 행동의 나쁜 점을 강조("그렇게 한

게 잘못이야.")할 때 아이는 죄책감을 느끼고, 아이의 나쁜 점을 강조("너는 나쁜 애야.")할 때 수치심을 느끼죠. '좌절감'은 실패의 순간에 드러나며 아이는 고개를 푹 떨구거나 때로는 울며불며 화를 내기도 합니다. '자부심'은 퍼즐을 끼우거나 블록을 쌓은 아이가 활짝 웃으며 박수를 칠 때 알아볼 수 있답니다.

뇌가 믿는 대로 느낀다

이처럼 감정은 생의 초기에 보편적으로 나타나기에 진화생물학자 찰스 다윈Charles Darwin을 비롯한 많은 학자들은 감정이 인간의 타고난 본성이라고 믿어왔습니다. SNS의 이모티콘을 떠올려보세요. 한국인이든 미국인이든 태평양의 섬나라에 살고 있는 누구든 이모티콘에 담긴 행복·슬픔·놀람 같은 감정을 거의 단번에 변별할 수 있을 거예요. 그렇다면 인간은 누구나 비슷한 감정을 느끼고 비슷한 방식으로 표현할까요? 인간의 마음속 어딘가에 이미 만들어진 보편적인 감정들이 자리 잡고 있다가 상황에 따라 툭툭 나타나는 것일까요?

인간의 기본 감정에는 분명 본성의 측면이 존재할 것입니다. 하지만 그보다 깊고 복잡한 감정에 대해서는, 결론부터 말하자면 우리는 타고난 그대로 느끼는 것이 아니라 그때그때 '뇌가 믿는 대로' 느낍니다. 감정의 정의에서도 말했듯이, 뇌는 자극을 알아챈 뒤 곧바로 반응하지 않고 '경험'을 바탕으로 그것을 해석합니다. 이

『누가 사자의 방에 들어왔지?』
아드리앵 파를랑주 글·그림,
이경혜 옮김, 봄볕

때 경험이란, 이전의 개인적인 경험과 믿음, 그동안 학습한 사회문화적 가치관 등이며, 그것을 토대로 의미를 만들고, 그 의미에 대한 반응으로 감정이 생기는 것입니다.

『누가 사자의 방에 들어왔지?』는 간결하면서도 강렬한 판화 기법과 독창적인 이야기가 어우러진 그림책입니다. 어느 날 저녁, 사자가 방을 비운 사이에 호기심 많은 소년이 몰래 방 안으로 들어가요. 그런데 조금 뒤 밖에서 소리가 들리고, 소년은 사자가 돌아온 줄 알고 재빨리 숨습니다. 소년은 '소리' '사자의 방'이라는 감각 정보를 경험치에 근거해 분석한 뒤, '무서운 사자가 돌아왔다'는 의미를 만들고 그에 따라 긴장과 두려움 같은 감정을 드러냅니다.

하지만 방에 들어온 것은 또 다른 소년이었고, 그걸 모르는 첫 번째 소년은 계속 숨어 있어요. 얼마 안 있어 또 소리가 납니다. 두 번째 소년도 사자가 돌아온 줄 알고 숨어요. 이런 식으로 방 안에 그러나 방 안으로 몰려온 건 새 떼야.

18

모두들 저마다의 두려움에 빠져 숨어 있는 이 장면은 상황에 대한 우리 뇌의 이해와 해석이 감정에 어떤 영향을 미치는지 잘 보여줍니다.

는 여러 방문객들이 차례차례 누적되며, 그들 모두는 방 안 곳곳에 숨어서 각자가 만든 두려움에 빠지고, 마침내 방에 돌아온 사자마저도 어쩐지 자기 방 같지 않다며 겁에 질립니다. 뇌는 의미 만들기를 즐겨하면서도 고집불통이라서 한 번 결론지은 것은 좀처럼 수정하지 않지요. 다행히도 오직 한 동물의 뇌가 이 상황에 대해서 다른 의미를 만들고 다른 감정을 느낌으로써 이 그림책에 재미있는 반전을 만들어줍니다.

뇌가 믿는 대로 느끼며 경험이 영향을 미친다는 사실은 중요한 함의를 가집니다. 우선, 저마다 경험의 양과 종류가 다르기에 화·공포·수치심과 같은 이름으로 불리는 감정 아래에는 전형적인 화와 전형적인 공포가 있는 게 아니라 밤하늘의 별처럼 수많은 개별 사례들이 존재한다는 것입니다. 또한, 경험이 부족할 수밖에 없는 영유아들이 자신과 타인의 감정을 이해하는 데 한계가 있다는 것도 너무나 당연해집니다.

정서 지능이 높은 아이들

발달심리학의 모든 영역이 그렇듯, 언어 발달이 이루어져야 아이가 도달한 '감정 이해'의 수준을 보다 정확히 알 수 있습니다. 대부분 아이들은 표현 언어가 크게 발달하는 서너 살 무렵에 감정 언어들도 급격히 증가하며, 그림 속 표정이나 인형의 얼굴 표정을 보고 기쁨·슬픔·무서움·화와 같은 기본 감정을 명명할 수 있습니다.

감정을 불러일으키는 상황에 대한 아이들의 이해 정도를 알아보기 위해 짧은 이야기를 들려주는 실험을 했을 때, 만 3세 아이들은 주인공을 행복하게 만드는 상황을 잘 이해했고, 만 4세 아이들은 주인공을 슬프게 만드는 상황을 정확히 이해했습니다. 만 5세 아이들은 분노·공포·놀람을 유발하는 상황까지도 식별할 수 있었습니다. 이쯤 되면 아이는 유치원에서 짝꿍에게 생긴 일을 집에 와

『100가지 엄마 얼굴』
박수연 글, 정은숙 그림, 키즈엠

서 정확하게 설명할 수 있을 것입니다. "오늘 별이가 엉엉 울었어요. 별이 블록을 송이가 무너뜨렸거든요. 별이가 우니까 송이가 깜짝 놀랐어요. 송이가 '미안해' 그랬어요."

『100가지 엄마 얼굴』이라는 그림책 속 엄마에게는 놀라운 비밀이 있습니다. 엄마는 분명 하나인데 수없이 많은 얼굴이 있는 거예요. 화가 나면 무서운 사자의 얼굴, 기분이 좋으면 가르랑거리는 고양이의 얼굴, 감동했을 때는 마스카라가 까맣게 번진 판다의 얼굴…. 이 그림책은 다양한 상황에 따라 변화하는 엄마의 표정을 익살스럽게 보여주며 아이들이 감정에 대해 이해할 수 있도록 도와줍니다.

시간이 갈수록 아이는 사람의 얼굴 표정에서 감정을 읽어내고 감정에 대해서 말하는 게 점점 더 능숙해질 것입니다. 하지만 감정은 아동기가 지났다고 해서, 또는 어른이 되었다고 해서 끝이나 완성에 이르는 영역이 아니에요. 인간의 복잡한 감정을 이해하는 능력은 생애 동안 계속해서 발달합니다.

한편 나와 타인의 감정을 정확하게 감지하는 것 뿐만 아니라 나의 감정을 상황에 알맞게 적절한 수준으로 표현하는 '감정 조절' 능력도 중요합니다. 자, 그렇다면 아기도 감정 조절을 할 수 있을까요? 아기가 울면 소리를 듣고 달려온 부모가 안고 흔들어주고 어루만져줍니다. 아직은 부모의 도움으로 감정 조절이 이루어지는 것입니다. 조금 더 자라면 아기는 스트레스 상황에서 손가락을 빨거나 애착 담요를 쓰다듬으며 자기 위로 행동을 하는데, 그게 바로 감정 조절입니다.

유아기에 이르면 아이의 감정 조절은 더욱 정교해져서 인지적인 전략까지 사용할 수 있습니다. 예를 들어, 치과에 갔을 때 공포와 불안감을 조절하기 위해 마음속으로 좋아하는 슈퍼히어로 캐릭터를 상상하거나, 가지고 놀고 싶은 장난감을 친구가 먼저 차지했을 때 화를 터뜨리는 대신 다른 장난감이 더 재미있을 거라고 합리화를 하며 대안을 찾아 쿨하게 돌아서는 것입니다.

『엄마가 오는 길』에는 출근한 엄마의 사정으로 어린이집에 맨 마지막까지 남아 있게 된 연이가 등장합니다. 날이 저물도록 오지 않는 엄마를 기다리며 연이는 애착 인형과 대화를 해요. 엄마가 탄 전철이 고장 나면 힘센 동물들이 밀어주고, 풍선 파는 아저씨를 만나면 두둥실 풍선을 타고 하늘을 날고, 어쩌면 아주아주 커다란 케이크를 사서 조심조심 천천히 걸어오는 중일지도 모른다고 말이에요.

『엄마가 오는 길』
모토시타 이즈미 글, 오카다 치아키 그림,
김소연 옮김, 천개의바람

연이의 마음속에는 어떤 감정이 자리하고 있을까요? 아마도 엄마가 영원히 오지 않는 건 아닐까 하는 캄캄한 불안감일 것입니다. 하지만 연이는 울고 조바심 내기보다 그것과 병행할 수 없는 즐거운 상상을 통해서 불안을 잠재우며 스스로 감정을 조절하지요. 엄마를 기다리는 연이의 간절한 마음이 울음보다 더 크게 다가옵니다.

육아서에는 '정서 지능'emotional intelligence이라는 말이 종종 등장하곤 하는데, 그 핵심 능력이 지금까지 이야기한 '감정 이해력'과 '감정 조절력'입니다. 정서 지능이 높은 아이들이 정서 지능이 낮은 아이들에 비해서 상대적으로 일상에서 겪는 스트레스에 대한 대처 능력이 뛰어나고, 언어 발달도 앞서고, 자존감도 높습니다. 학령기에는 학업 능력이 더 뛰어나고, 또래와의 갈등이 적으며, 정서적으로 풍부한 삶을 경험할 수 있답니다.

부모의 감정 사회화

이처럼 중요한 아이의 감정 발달에 가장 큰 영향을 미치는 1차 환경을 꼽으라면 바로 많은 시간을 함께 보내는 가족, 그중에서도 단연 부모겠지요. 부모의 감정 상태가 대체로 안정적이고 기쁨이나 행복 같은 긍정 감정을 많이 표현하는 경우, 아이 역시 행복하다고 느낍니다. 반대로 부모의 감정 상태가 불안정할 경우, 아이도 우울이나 불안 같은 부정 감정을 많이 경험하며, 부모가 감정을 잘 드러내지 않을 경우, 아이도 감정을 억제해야 한다는 메시지를 받을 수 있습니다.

『방긋 아기씨』는 크고 긴 화면에 연필로 그린 섬세하고 밀도 높은 그림이 돋보이는 책입니다. 어느 궁궐에 푸른 낯빛을 한 우울한

『방긋 아기씨』
윤지회 글·그림, 사계절

표정의 왕비가 살고 있어요. 왕비에게는 큰 걱정거리가 있는데, 아기가 도대체 웃지를 않는 겁니다. 최고의 선물도, 맛있는 음식도, 우스꽝스러운 광대도 소용없고 모든 노력이 다 실패한 바로 그 순간, 드디어 아기가 웃었습니다!

개인적으로 이 그림책에서 가장 인상적인 장면은 펼침면 가득히 아기의 얼굴이 그려지고 아기의 눈동자에 왕비의 웃는 얼굴의 상이 맺혀 있는 장면입니다. 우연히 웃음이 터진 왕비를 가만히 바라본 아기가 마침내 엄마와 꼭 닮은 방긋 웃음을 지은 것이지요.

아기는 어떻게 행동해야 하는지 알기 위해서 부모의 표정을 살피거나 행동을 관찰해서 정보를 얻습니다. 그것을 '사회적 참조' social referencing라고 하며, 그렇게 참조한 것을 '모방' modeling하지요. 이따금 이목구비가 전혀 닮지 않은 부모와 아기가 너무나 닮아 보일 때가 있습니다. 자세히 살펴보면 바로, 아기가 부모의 미소와 표정을 모방하고 있기 때문입니다.

결국 감정은 부모를 통해서 사회화됩니다. 부모의 감정 표현은 1차적으로 어떤 감정을 언제, 어떻게 표현할지에 대한 모델이 되어 아이가 보고 배우며, 2차적으로 아이의 감정 표현에 대한 부모의 반응이 다시 아이에게 영향을 미칩니다. 아이의 뇌가 '경험'을 바탕으로 해석하고 그걸 통해서 감정을 불러일으킬 때, 부모가 그 경험의 중요한 일부가 되는 것입니다.

아이의 감정에 대한 부모의 반응은 크게 '지지적 반응'과 '비지지적 반응'으로 구분할 수 있습니다. 지지적 반응은 아이의 감정

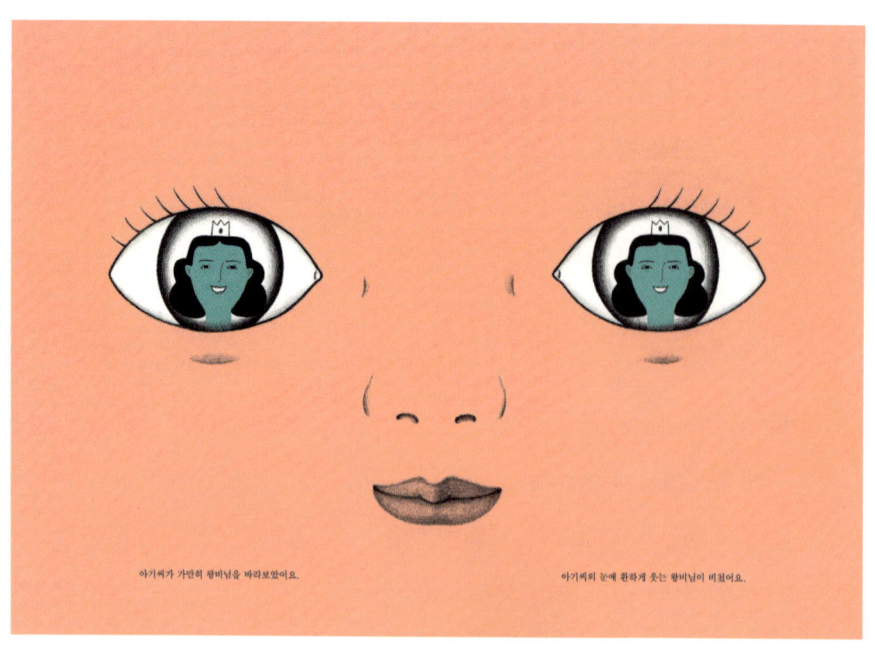

아이는 부모의 행동을 모방할 뿐만 아니라 표정과
그 안의 감정까지 모방합니다. '아이는 부모를 비추는 거울'이라는
말의 의미를 실감할 수 있습니다.

표현을 격려하고, 표현한 감정을 존중해주며, 감정 문제에 잘 대처
하고 해결할 수 있도록 돕는 거예요. 비지지적 반응은 아이가 감정
적 스트레스를 드러낼 경우 무조건 그 정도를 낮추려고 하거나 때
로는 무시하는 반응, 벌을 주거나 꾸짖는 반응, 아이의 감정 표현에
대해 부모가 느끼는 불편감이나 불안을 그대로 드러내는 반응 등
입니다.

『아기 구름 울보』의 주인공 울보는 이름 그대로 걸핏하면 웁니다. 어른 동물들은 그런 울보를 윽박지르고 협박하며 무조건 뚝 그치라고만 해요. 결국 아기 구름은 꿀꺽, 꿀꺽 울음을 삼키더니 마을을 뒤덮는 커다란 먹구름이 되어버립니다.

대부분 어른들은 다 큰 애는 울면 안 되고, 남자는 울면 안 되고, 울면 약한 거라며 울음에 대한 나쁜 공식을 가지고 있습니다. 사실, 울음은 감정이 아니라 감정을 드러내는 행동이지요. 아이의 울음에는 화·슬픔·두려움·수치심·억울함 등의 진짜 감정이 숨어 있는데, 부모가 울음을 억누르는 비지지적 반응을 한다면 안에 깃든 감정들마저 부정하고 무시하는 거예요. 그렇게 아이의 감정 표현을 좌절시키면 아이는 감정 자체를 나쁜 것, 불편한 것, 위협적인 것으로 여겨 그것을 탐색할 기회를 스스로 회피하게 됩니다.

그럼 울음에 대한 지지적 반응은 무엇일까요? 아이의 울음 너머

『아기 구름 울보』
김세실 글, 노석미 그림, 사계절

에 있는 감정에 귀 기울이는 부모의 민감성과 기민성, 울음을 대신할 수 있는 자기 표현을 조금 더 분명히 하도록 이끄는 격려와 지지, 무엇보다 울어도 괜찮다는 메시지와 따뜻한 가슴을 빌려주는 일일 것입니다. 어른 동물들이 울어도 된다고 말해주자, 아기 구름 울보는 감정의 찌꺼기들을 모두 흘려 보낼 때까지 울고, 울고, 또 울었습니다.

아이들은 잘 웁니다. 우는 소리는 부모의 애를 태우지만 울음은 인간의 여러 감정들을 순화시키는 장치입니다. 부모의 지지적 반응을 받고 성장한 아이는 사회가 적절히 받아들일 수 있는 방식으로 감정을 표현하고 조절할 수 있게 됩니다. 잘 우는 아이가 결국 활짝 웃는 아이로 자라날 것입니다.

여러분은 어떤 부모인가요? 감정 표현에 지지적인 부모인가요, 비지지적인 부모인가요? 이 질문에 답하는 것은 중요합니다. 부모로서 아이의 감정에 어떻게 반응해왔는지 돌아보고, 감정에 대한 부모 자신의 표현과 조절 방식을 생각해볼 필요가 있기 때문입니다. 너무나 당연한 말이지만, 자기 감정에 솔직한 부모가 아이의 감정도 잘 헤아립니다. 아이의 감정을 잘 읽어내고 공감해주려면 부모 자신의 감정 인식부터 해야 합니다.

『너 왜 울어?』라는 그림책에서 우리는 아이의 마음을 할퀴고 상처내는 날카로운 엄마를 만나게 됩니다. 이 엄마는 아이를 찌를 것만 같은 새빨간 손톱으로 시종일관 아이에게 지시·강압·협박·책임 전가·비난을 일삼아요. 아이가 내보이는 감정에는 전혀 반응하지 않고, 엄마 자신의 필요와 감정만 앞세웁니다. 결국 아이가 울자 엄마는 감당 안 되니까 그만하라며 소리칩니다.

  그림책 속 엄마는 제 아이를 조금도 이해하지 못하고 공감해주지 않으면서 다른 사람들에게는 친절하고 예의 바르기 짝이 없습니다. 저는 이 엄마가 자신과 타인의 감정에 대해 어떤 생각을 가지며 어떤 감정을 느끼는지 그녀의 '초감정'meta emotion에 주목해 보았습니다. 초감정은 감정에 대한 감정입니다. 이를 테면, 이 엄마는 아이를 혼냈을 때 기가 죽어 우는 아이를 보고 안쓰럽거나 미안한 감정을 느끼는 게 아니라 오히려 더 화를 내는데, 그것이 바로 울음에 대해서 이 엄마가 가지는 초감정입니다. 울음을 불편하고 부정적인 감정으로 받아들이기에 아이를 따스하게 안아주지 않는 겁니다. 아니, 안아주지 못하는 것이지요.

  어른으로서, 부모로서 우리 모두 각자의 초감정을 깊이 들여다보라고 말하고 싶습니다. 초감정의 끄트머리에는 우리 자신의 부

『너 왜 울어?』
바실리스 알렉사키스 글,
장-마리 앙트낭 그림,
전성희 옮김, 북하우스

얘가 사람 돌게 만드네.

아이에게 공감하지 못하는 비지지적인 엄마는
아이의 감정 표현을 억누릅니다. 창살에 갇힌 건
아이뿐만 아니라 엄마 자신이기도 해요.

모가 어린 우리의 감정을 어떻게 대했는지가 어린 시절 미처 해소
하지 못한 감정들과 함께 고구마 덩굴처럼 주렁주렁 딸려 나올 수
있습니다. 부모의 초감정이 창살 없는 감옥이 되어 아이를 가둘 수
있음을 기억하세요.

마음을 울리는 그림책

아무리 아이에게 많은 관심을 쏟는 부모일지라도 아이의 감정을 그때그때 적절히 다루고 자신의 감정까지 돌아보는 일은 녹록하지 않습니다. 그럴 때에 우리는 좋은 그림책의 도움을 얻을 수 있습니다. 그림책은 아이들이 겪는 소소한 사건뿐 아니라 가족·친구·이웃·사회를 아우르는 다양한 관계를 다룹니다. 그림책 속 등장인물들은 사람이든 동물이든 사물이든 이야기가 진행됨에 따라서 인간이 가진 수많은 감정과 그 변화를 드러내는데, 결코 일상에선 다 겪어볼 수 없는 감정이지요. 더불어, 그림책의 그림은 이야기만으로는 전할 수 없는 심층의 감정을 아주 극적이며 효과적으로 독자의 마음에 전달합니다.

그림책 속 이야기와 그림에 폭 빠진 아이는 어느새 등장인물의 마음으로 바라보고 생각하고 느끼게 됩니다. 이것을 '공감'sympathy이라고 하는데, '함께'라는 의미의 접두사 'sym'에서 알 수 있듯이 공감은 나와 타인의 차이를 뛰어넘어 나를 타인과 동일시하는 마음까지 경험하는 것입니다. 어떻게 그게 가능할까요? 제3장 「더 넓은 세계와 소통하다: 언어 발달」에서 '거울 뉴런'이라는 신경세포의 기제에 대해 말한 바 있습니다. 신경심리학자들에 따르면 다른 사람의 행동을 눈으로 보거나 때로는 이야기로만 들어도 우리가 직접 그 행동을 할 때 작동하는 뉴런이 활성화된다고 합니다.

『다음엔 너야』라는 그림책의 유일한 배경은 오직 몇 개의 의자

『다음엔 너야』
에른스트 얀들 글,
노르만 융에 그림,
박상순 옮김, 비룡소

가 놓인 병원 대기실입니다. 글텍스트는 "문이 열리고 하나가 나왔어. 하나가 들어가고 넷이 남았지. 문이 열리고 하나가 나왔어. 하나가 들어가고 셋이 남았지"와 같은 식으로 반복됩니다. 짙은 명암이 드리워진 대기실에 환한 빛이 쏟아지면 진료실에 들어갔던 한 명이 나오고, 차례를 기다리는 나머지 인형 환자들의 동작과 표정 변화에 불안과 두려움이 드러나요. 그럴 때마다 그림책을 보는 독자 아이 역시 거울처럼 작동하는 뉴런 때문에 인형들과 똑같이 마음이 쪼그라드는 불안과 두려움을 느끼며 공감하게 되지요. 이 공감이 깊을 수록 기다림이 끝나는 순간 탁 풀리는 감정의 해소 역시 온전히 경험할 수 있습니다.

이 같은 공감은 공감에 그치지 않고 독자로 하여금 더 적극적으로 감정이입empathy을 하게 하는 다리가 됩니다. 그림책에는 글과 그림이 얽혀 있는 사이에 많은 빈 공간, '틈새'gaps가 있습니다. 아이든 어른이든 독서는 그 틈새에 나름의 의미와 감정을 능동적으로 불어넣고 채워 가는 과정입니다.

그것을 위해서는 내면의 소리에 귀 기울이며 감정을 탐색하지 않을 수 없기에 감정이입에는 '안으로'em라는 접두사가 붙어 있지요. 그림책은 아이뿐만 아니라 책을 읽어주는 부모까지 독자이므로 부모 역시 자기 안의 감정을 들여다보는 기회를 얻을 수 있습니다.

몰리 뱅Molly Bang의 『소피가 화나면, 정말 정말 화나면』은 '화'라는 감정을 소재로 하는 가장 대표적인 그림책입니다. 언니와 장난감 인형을 가지고 다투던 소피는 화가 났습니다. 화라는 감정이 괴물, 화산, 빨강 같은 시각적 메타포은유, metaphor로 화면 가득히 그려져요. 화가 폭발한 소피는 문을 쾅 닫고 집 밖으로 나오는데, 소피와 집 밖 식물들의 외곽선까지 모두 어둠의 에너지로 빨갛게 타오릅니다. 한참을 내달리던 소피는 울음을 터트리고, 울음이 멎을 때쯤에야 외곽선의 색이 점차 옅어져요.

소피는 푸른 외곽선을 가진 커다란 너도밤나무 위에 올라가서 드넓고 파란 세상을 바라봅니다. 파랑은 무의식을 상징하는 색으

『소피가 화나면, 정말 정말 화나면』
몰리 뱅 글·그림,
박수현 옮김, 책읽는곰

로, 소피가 바라보는 세상은 진짜 세상이라기보다 소피의 내면에 있는 잔잔해진 감정이에요. 소피의 외곽선은 점차 행복을 상징하는 주황색과 노랑색으로 변합니다. 이제 소피는 식구들이 기다리는 집으로 돌아가요.

이 그림책은 화에 대해서 설명하고 가르치는 게 아니라 자연스럽게 이야기를 따라가며 화와 관련된 모든 감정들을 경험해볼 수 있도록 이끕니다. 독자 아이는 자기도 모르게 소피가 되어 화가 나서 가라앉기까지의 감정 변화에 공감하고, 소피와 같은 감정을 느꼈던 때의 나를 떠올리며 감정이입하게 될 거예요. 이렇게 그림책과 아이의 마음이 통하면 그 소통은 영혼의 울림이 되어 아이 안에 영원히 남습니다. 흥미롭게도 많은 부모들이 이 그림책을 아이보다 자신이 더 좋아하는 책으로 꼽습니다. 화라는 감정을 다루는 건 어른에게도 영원한 숙제인 것이지요.

감정의 주인이 되다

눈에 보이지 않는 감정을 들여다보는 일은 결코 쉽지 않습니다. 그래서 부모는 일상에서 아이의 감정을 충분히 지지해줄 뿐 아니라, 아이가 감정에 압도되거나 회피하지 않고 잘 마주할 수 있도록 언제나 세심하게 도와주어야 합니다.

잠자리에 누운 아이들은 종종 괴물이 나올 것 같아서 무섭다고 말합니다. 아이의 자라나는 상상력이 때때로 이런 공포심을 만들

『괴물이 오면』
안정은 글·그림, 이야기꽃

지요. 『괴물이 오면』에서 엄마는 괴물이 어떻게 생겼는지, 어디서 오는지, 어떻게 오는지 등을 아이에게 되묻습니다. 그 질문들에 답하는 동안, 막연하고 비합리적인 공포심에 밀려나 있던 아이의 사고는 천천히 제자리를 찾아요. 엄마의 재치 있는 문답놀이로 아이가 두려운 마음을 똑바로 마주하게 된 것입니다. 이제 아이는 편안히 잠잘 수 있습니다.

부모는 아이의 감정에 이름표를 달아주는 노력도 기울여야 합니다. 감정의 이름을 알아야 '질투'가 무엇이고 '두려움'이 무엇인지 개념이 생기니까요. 일상에서 아이가 표현하는 감정, 부모가 느끼는 감정들의 이름을 알려주세요. 그림책을 읽을 때에도 등장인물이 어떤 감정을 느끼며 그게 무엇인지 명명해주시면 좋습니다. 부모에 의한 감정 코칭의 중요성을 강조한 존 가트맨John Gottman은 그것을 '감정이라는 문에 손잡이를 달아주는 것'이라고 표현했습니다. 손잡이가 있어야 언제든 열고 닫을 수 있기 때문입니다.

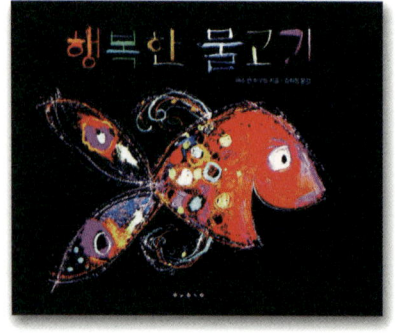

『행복한 물고기』
미스 반 하우트 글·그림,
김희정 옮김, 보림(절판)

'부끄럽다·지루하다·떨리다·심술나다·슬프다·자랑스럽다·기쁘다…' 이렇게 아이가 배워나가는 감정 언어와 개념은 아이의 마음속 감정 사전이 됩니다. 수십 쪽의 두툼한 감정 사전을 가진 아이는 언제든 펼쳐서 자신과 남의 마음을 돌보는 데 필요한 도움을 얻을 수 있어요. 하지만 겨우 몇 쪽의 빈약한 감정 사전을 가졌다면 아이가 느끼는 여러 감정은 '나쁘다, 좋다' 같은 단순한 말에 담겨 원래의 감정에 깃든 개별성과 다양성이 모두 사라져버릴 것입니다.

『행복한 물고기』에는 각양각색의 감정이 알록달록한 색과 이미지로 표현되어 눈길을 사로잡습니다. 기쁨·호기심·경이로움 같은 긍정 감정뿐만 아니라 화·슬픔·질투 같은 부정 감정까지도 모두 다 아름다워요. 삶에 행복한 날들만 있지 않듯이 우리도 날마다 긍정 감정만 느낄 수는 없을 거예요. 날카롭고 뜨겁고 때로는 너무 아픈 부정 감정마저도 용기 있게 직면하고 감정의 원인을 해결해 나가면 다시금 긍정의 마음으로 돌아올 수 있습니다. 그래서 모든 감정은 저마다의 색으로 아름답습니다. 저는 아이들이 마음속에 풍성하고 아름다운 감정 사전을 가지고 성장해 모두가 자기 감정의 진짜 주인이 될 수 있기를 바랍니다.

06
나를 발견하다

"내가 나일 때 가장 멋지고
귀하고 존엄합니다.
진짜 위대함은 다른 누구도 아닌
'나 자신'이 되는 데 있습니다."

나를 발견하다

자아 발달

 우리 모두 처음에는 내가 누구인지 모르는 채 세상에 나옵니다. 태어나는 순간부터 타인에게 의존할 수밖에 없고 타인과 함께 살아가는 법을 배우지요. 그러면서 차츰 타인과 다른 나라는 존재에 눈뜨게 되고 서서히 '자기 개념'self-concept을 형성해나갑니다. 이 글에서는 '나'를 뜻하는 '자기'self와 정신분석학에서 말하는 '자아'ego를 적절히 섞어 쓰겠습니다.
 자기 개념은 자기 자신에 대해서 어떻게 생각하고 느끼는지, 외모·성격·태도·능력 등 '자기'라고 여겨지는 것들을 망라한 총체를 가리킵니다. '나는 누구인가? 나다움은 무엇인가?'에 대한 스스로의 대답인 것이지요. 동화를 연구한 심리학자 브루노 베텔하임 Bruno Bettelheim은 "우리는 스스로를 타인과 다르게 정의할 때 한 사람이 된다"고 이야기했습니다.
 어린 시절부터 차곡차곡 형성되는 자기 개념은 행복한 삶에 큰 영향을 미칩니다. 긍정적인 자기 개념을 가지면 자신에 대한 믿음이 자라고 삶에 대한 자신감이 커져서 더 적극적으로 자아실현을 위해 노력할 수 있습니다. 반대로 부정적인 자기 개념을 가지면 자신을 사랑하지 못하고 삶을 비관하며 소외감을 안고 살아가게 될 거예요. 그러니 자기 자신에 대한 낙관과 신뢰야말로 앞으로 다가올 수많은 역경들로부터 나를 지켜줄 크고 튼튼한 우산입니다.

거울 속의 나

자기 개념이 싹트기 위해서는 보이지 않는 내면의 자기보다 외적인 자기를 알아가는 게 더 먼저입니다. 아기들은 언제 처음으로 자신을 알아볼까요? 6~8개월의 아기는 거울에 비친 제 모습에 호기심을 보이며 웃고, 옹알이를 하고, 손을 뻗어봅니다. 아기의 호기심은 점점 적극적인 탐구로 변해요. 거울 속의 상을 잡으려고 하거나, 과자를 건네기도 하고, 거울의 뒤쪽을 살펴보려고도 합니다. 하지만 이때까지도 아기는 그것이 자기라는 걸 알지 못합니다.

연구자들은 아기들에게 '루즈 테스트'rouge test라는 흥미로운 실험을 했습니다. 엄마가 아기와 놀다가 아기 콧등이나 이마에 슬쩍 루즈를 묻힌 뒤 거울 앞에 앉히고 아기의 반응을 관찰하는 것입니다. 그 결과, 돌 이전의 아기들은 대부분 거울에 손을 뻗어 거울 속 아기를 닦아주려고 했습니다. 그러나 평균 18개월 전후의 아기들은 거울에 비친 상을 보고 제 얼굴을 닦으려고 했어요. 거울 속 모

『재미있는 내 얼굴』
니콜라 스미 글·그림,
마술연필 옮김, 보물창고

습이 '나'라는 '자기 인식' 능력이 발달한 것입니다. 물론 거울을 자주 접하고 거울을 보는 놀이를 해본 경험에 따라서 개인차가 크게 나타납니다.

『재미있는 내 얼굴』이라는 그림책의 매 왼쪽 페이지에는 상황을 보여주는 그림이, 오른쪽 페이지에는 그 상황에 따른 감정을 표정에 담은 아이 얼굴이 나옵니다. 그리고 마지막 페이지에는 거울처럼 얼굴을 비춰볼 수 있는 알루미늄박이 붙어 있고요. 독자 아이가 그림책 속 표정들을 흉내 내면 거울 속 내 표정이 바뀌므로 감정 이해뿐만 아니라 자기 인식에도 도움이 된답니다.

이렇게 외적인 나를 인식하기 시작한 아이들은 종종 거울 앞에서 혼자 우스운 표정을 짓고 몸을 이리저리 움직이며 마치 매료된 것처럼 자신의 모습을 살피곤 해요. 부모라면 누구나 본 적 있음직한 이 행동을 가리켜 프랑스의 정신분석가 자크 라캉Jacques-Maire-Émile Lacan은 '거울 단계'mirror stage라고 명명했습니다. 아이들은 마치 '이게 나야. 멋져! 대단해!'라고 외치듯 거울 속의 자기 모습에 나르시시즘narcissism적인 기쁨을 느껴요. 거울에 비친 모습은 한갓 신체 이미지일 뿐인데 그것을 자기의 전부라고 생각하며 자기 개념을 만들어가는 것입니다.

라캉이 말한 거울 단계는 난해하고 철학적인 개념이지만 무척 흥미롭기도 합니다. 마침 이수지 작가의 그림책 『거울 속으로』가 거울 단계 경험을 거쳐 자기 개념이 자라는 과정에 대한 적확한 예가 될 것 같으니 소개해보겠습니다. 첫 장면을 펼치면 넓고 하얀 여백을 남겨둔 채 오른쪽 페이지 구석에 쪼그려 앉은 여자아이의 모습이 보입니다. 뭉개진 검은 목탄의 선이 왠지 무겁고 불안하게 느껴집니다. 그런데 다음 페이지를 넘기면 놀라운 일이 일어나요. 왼쪽 페이지에 쌍둥이처럼 똑같은 아이가 나타난 것입니다. 화면 어디에도 거울은 없지만, 이미 제목에서부터 거울에 대한 인상을

『거울 속으로』
이수지 글·그림, 비룡소

가지게 된 독자는 그림책의 가운데 제본선을 기준으로 좌우로 대칭을 이루는 이미지를 보며 자연스럽게 거울을 떠올리게 됩니다.

처음으로 제 모습을 마주한 아이는 다른 아이의 등장을 보듯이 소스라칩니다. 자기 인식이 생기기 전의 아기가 거울 속의 제 모습을 다른 아이로 착각하는 것처럼 말이에요. 하지만 페이지를 넘길수록 아이는 점차 경계심을 풀고 거울에 비친 모습을 적극적으로 탐색하다가 마침내 그것이 자신임을 깨달아요. 거울 단계에 이른 아이는 마냥 즐겁습니다. 장난도 치고 춤도 추며 자신을 좋아하고 만족해합니다.

이 그림책의 절정이라고 할 수 있는 장면에 이르면 아이는 자유롭게 풀쩍 날아오르며 벅찬 카타르시스를 표현하고, 마치 나비처럼 화려한 배경 이미지가 데칼코마니 기법으로 찍어낸 듯이 대칭으로 펼쳐집니다. 그런데 꼼꼼히 들여다보면 좌우 무늬가 미세하게 다릅니다. 거울에 비친 모습이 우리의 진짜 모습과 똑같아 보이지만 사실은 반전되어 있는 것처럼 말입니다.

하나로 합쳐졌던 두 아이는 서로 자리를 바꾸며 서서히 분리되기 시작합니다. 아이는 이상적이고 완벽하다고 여겼던 거울 속 자기가 실제 자기와 다르다는 걸 깨달아요. 결국 거울은 깨져버리고 아이는 맨 처음의 불안 상태로 다시금 돌아갑니다. 그렇게 거울 단계의 나르시시즘은 행복하긴 하지만 우리의 진짜 내면을 보여주지는 않습니다.

나를 향해 오르는 계단

그렇다면 겉으로 드러나는 외적인 자기가 아닌 내면의 자기는 어떻게 발달하고 성숙할까요? 발달심리학자이자 정신분석가인 에릭 에릭슨Erik Erikson은 사회적 동물인 인간은 타인에게 자신의 존재를 인정받을 때 비로소 정신의 주체가 된다고 보았습니다. 그런데 인정받고 사랑받고 싶은 욕구가 각 발달 단계마다 '위기'를 만나요. 인간은 일생 동안 발달의 위기를 극복하려고 노력하면서 그때그때 필요한 심리적 '과제'를 성취하거나 또는 실패하는데, 그것이 자기 개념의 일부로 차곡차곡 축적되어 가는 것입니다. 에릭슨은 이 과정을 여덟 단계로 나누어 설명했는데, 그중 영유아기에 해당하는 세 단계를 살펴보도록 하겠습니다.

노년기: 자아 통합 vs 절망감
장년기: 생산성 vs 침체감
청년기: 친밀감 vs 고립감
청소년기: 자아정체감 vs 정체감 혼란
아동기: 근면성 vs 열등감
후기 유아기: 주도성 vs 죄책감
초기 유아기: 자율성 vs 수치심과 의심
영아기: 신뢰감 vs 불신감

에릭슨의 심리사회적 발달 단계

영아기(출생~18개월): 신뢰감 vs 불신감

아기가 세상에 태어난다는 것은 어느 날 느닷없이 자궁이라는 안락한 생물학적 환경에서 낯선 사회적 환경으로 내보내지는 일입니다. 에릭슨은 아기가 맞닥뜨린 생애 최초의 위기 상황에서 엄마(또는 다른 주 양육자)와의 친밀하고 일관성 있는 상호작용으로 애착을 경험하는 것이 중요하며, 그 결과 '신뢰감'이라는 발달 과제를 성취한다고 보았습니다. 자신은 사랑받는 존재이며 엄마가 자신을 돌보고 지켜줄 거라는 믿음이 바로 아기가 가지는 최초의 자기 개념인 것입니다.

초기 유아기(18개월~만 3세): 자율성 vs 수치심과 의심

영아기에 신뢰감 과제를 잘 성취하면 다음 단계 과제로 나아갈 튼튼한 토대가 만들어집니다. 아이들은 걷고 뛰는 이동 능력과 변을 참거나 배출하는 배변 조절 능력이 생기면서부터 자기 스스로 독립적으로 행동하고자 하는 의지가 자라납니다. 사랑스럽고 순했던 아기가 어느 순간 우주 최강 고집불통 떼쟁이가 되어서 "내가! 내가 할 거야!"를 외치며 사사건건 부모와 충돌하고 대결하는데, 에릭슨은 이 시기 아이들이 '자율성'이라는 과제를 달성하기 위해 투쟁을 벌이는 중이라고 설명합니다. 서툴지만 혼자 먹으려고 하고, 혼자 입으려고 하고, 자꾸만 부모가 잡은 손을 뿌리치면서 무엇을 놓고 무엇을 잡아야 하는지, 무엇을 할 수 있고 무엇을 못하는지 배우는 것이지요.

『엄마 내가 할래요!』
장선희 글. 박정섭 그림. 장영

『엄마 내가 할래요!』의 주인공 영서도 뭐든지 자기가 하겠다고 나서는 아이입니다. 신발도 내가 신을래요, 약도 내가 바를래요, 내가 씻을래요, 내가 만들래요…. 물론 결과는 엉망진창이에요. 그런데 영서는 왜 가면을 쓰고 있을까요? 겉으로 보이는 행동과 달리 영서의 속마음은 실패에 대한 자기 의심과 수치심에 두렵기 때문입니다. 다행히 엄마는 영서의 욕구를 있는 그대로 인정하며, 영서가 자신의 삶에 영향을 미치는 기초적인 활동들을 스스로 조절하고 통제해볼 수 있는 기회를 줍니다. 영서는 머지 않아 성공적으로 자율성을 성취할 것이며, 자신의 존재와 능력에 대한 확신을 자기개념으로 가지게 될 것입니다.

후기 유아기(만 3~7세): 주도성 vs 죄책감

후기 유아기 동안 아이들은 언어 능력이 크게 향상되고 신체 발달, 인지 발달 속도도 놀라울 만큼 빨라집니다. 나이와 성에 대한 인식이 생겨 만나는 사람마다 몇 살인지 궁금해하고 남자인지

『나』
다니카와 슌타로 글, 초 신타 그림.
엄혜숙 옮김, 한림출판사

여자인지 따져요. 또 놀이터와 유치원에서 또래를 만나 관계 맺는 법을 배우고 소꿉놀이·병원놀이·시장놀이 같은 사회극놀이 sociodramatic play를 하며 내가 어른이 되어 할 수 있는 역할이 무엇인지 상상하기도 합니다. 이제 아이는 거울 단계에서 알게 된 자신의 신체적 특징뿐만 아니라 사회적 특징을 통해서도 자신을 정의하기 시작합니다.

그림책 『나』에서 일곱 살 아이 유리는 매 장면마다 화면 왼쪽 페이지에 서 있고, 오른쪽 페이지에는 유리를 둘러싼 다양한 사회적 관계의 사람들이 등장합니다. 오른쪽에서 누가 유리를 보고 있느냐에 따라 유리를 부르는 말과 역할이 달라져요. 남자아이가 보면 여자아이, 남동생이 보면 누나, 오빠가 보면 동생, 선생님이 보면 학생, 의사가 보면 환자, 장난감 가게에 가면 손님 등으로요. 이렇게 삶의 반경이 넓어질수록 아이는 '나'에 대해 변하는 것과 변치 않는 것들이 있음을 어렴풋이 인식하며 그것을 토대로 자기 개념을 확장해나갑니다.

아이가 동성인 부모를 모방하고 동일시하며 성 역할을 배우는 것도 이때입니다. 프로이트에 따르면 남자아이는 '오이디푸스 콤플렉스'Oedipus complex를, 여자아이는 '엘렉트라 콤플렉스'Electra complex를 겪게 되지요. 간단히 설명하면, 이 시기에 남자아이는 엄마, 여자아이는 아빠에게 더 큰 애정을 가지는데, 슬프게도 이미 그들에게는 각각 남편과 아내, 즉 아이 입장에서는 동성 부모의 존재가 있습니다. 결국 아이는 그들에 비해 자신이 아직 미숙함을 깨닫고 남자아이는 아빠를 따라 하며 남성성을, 여자아이는 엄마를 따라 하면서 여성성을 습득합니다.

하지만 이런 관점은 생물학적인 성 역할에 대한 오래된 고정관념을 공고히 한다는 지적을 받기도 합니다. 단순히 남성성·여성성에 대한 학습보다 중요한 것은 아무런 편견 없이 성에 대해 건강하게 알아가는 것입니다. 자신의 성에 대한 생각 역시 자기 개념으로 통합되니까요. 최근에는 유아 교육 기관에서도 일상에서의 성차별적 요소를 민감하게 감지해내는 '성인지 감수성'에 대한 교육이 강조되고 있습니다.

『털이 좋아』 표지에서 주인공 아이는 커다란 어른 옷을 입고 굽 높은 구두를 신고 이상한 수염까지 달고 있습니다. 사실 이 아이는 긴 머리카락을 싹둑싹둑 잘랐는데, 아무래도 그것 때문에 힘이 약해진 것 같다며 의기소침해 있어요. 그런 자기와 달리 엄마 아빠는 힘도 세고 이것저것 척척 잘하지요. 아이는 그게 어른들만 가진 비밀스러운 털 때문이라고 여깁니다.

『털이 좋아』
김규정 글·그림, 바람의아이들

　작가는 엄마 아빠의 신체에 난 털을 동물에 빗대어 표현해요. 이를 테면, 형광등을 척척 갈아 끼우는 엄마의 겨드랑이 털을 오리, 커다란 트럭을 모는 아빠의 겨드랑이 털을 고릴라로 그렸습니다. 아이는 자신도 멋진 어른이 되기 위해 털을 갖고 싶다고 생각합니다. 우리 몸의 털을 통해서 성장의 의미를 생각하고, 어른이 된다는 것에 대한 아이의 기대와 희망을 특정한 성 역할에 치우침 없이 보여주는 색다르고 유쾌한 그림책입니다.

　종합해보면, 후기 유아기는 한마디로 사회 속에서 어떻게 행동하고 살아가야 하는지를 배우는 시기라고 할 수 있습니다. 아이는 사회적인 나, 생물학적인 나에 대한 인식을 키우고 무한한 호기심과 가능성에 부풀어 오릅니다. 새로운 것에 도전하고 스스로 어떤 책임을 맡으려고 하면서 부모를 도와 심부름을 하겠다고 나서고, 동생을 돌보겠다고 하고, 요리를 만들겠다고 해요. 그렇게 자신이 할 수 있는 역할을 찾고 책임을 다함으로써 부모 앞에서 보란듯이

제 힘으로 자기 세계를 구축해 보이려는 시도에 성공한 아이들은 '주도성'이라는 과제를 성취하고 자기 개념을 확장해나갑니다.

하지만 아이들은 주도적으로 행동하고자 하면서도 어쩔 수 없는 신체적·인지적 한계를 가질 수밖에 없습니다. 실패할 때마다 '괜히 내가 나서서 망쳤어, 모두 내 잘못이야'라는 죄책감이 쌓이지요. 그러니 두렵고 불안한 아이들은 꿈과 상상 속에서 초능력자·괴물·거인·공룡 같은 힘센 존재가 되어 봄으로써 다시금 자신감을 얻고 내적인 힘을 키웁니다. 20세기 최고의 그림책 작가 가운데 한 사람인 모리스 샌닥의 그림책 두 권을 통해서 이런 아이들의 마음을 엿볼 수 있습니다.

『깊은 밤 부엌에서』는 마치 만화처럼 화면 분할이 이루어진 그림책입니다. 주인공의 이름도 모리스 샌닥이 좋아하던 만화 캐릭터 '미키 마우스'에서 따온 미키예요. 한밤중의 소음에 미키가 짜

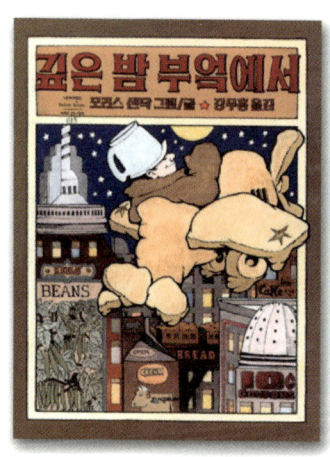

『깊은 밤 부엌에서』
모리스 샌닥 글·그림,
강무홍 옮김, 시공주니어

증을 내며 조용히 하라고 소리치는데, 다음 순간 깜깜한 곳으로 굴러 떨어지며 옷이 벗겨집니다. 미키는 엄마 아빠의 방을 지나 부엌으로 떨어져요. 사실 미키가 잠 못 든 이유는 소음 때문이 아니라 엄마 없이 혼자서 잠을 자야 하는 잠자리 독립의 불안감 때문입니다. 미키가 떨어진 공간인 부엌과 그 뒤에 등장하는 우유, 부드러운 빵 반죽 모두 엄마를 떠오르게 합니다.

마침 부엌에는 빵을 만드는 아저씨들이 있었는데, 그들은 '미키'를 '밀크'로 오해하고 반죽에 넣어 휘젓고 주물러요. 미키의 자아가 마구 흔들리는 순간입니다. 다행히 미키는 오븐에서 탈출해 자신을 위기에서 구해내고 아저씨들에게 진짜 우유까지 가져다주는 주도성을 발휘합니다. 반죽으로 만든 비행기를 타고 날아오르는 미키는 한뼘 더 성숙한 독립적인 자아를 상징하는 것 같습니다.

『괴물들이 사는 나라』의 주인공 맥스는 늑대 옷을 입고 장난을 일삼는 아이입니다. 한 손에는 뾰족한 포크를 들고 다른 손은 날카

『괴물들이 사는 나라』
모리스 샌닥 글·그림,
강무홍 옮김, 시공주니어

로운 발톱을 드러낸 채 개를 위협하고, 심지어 야단치는 엄마를 잡아먹겠다고도 해요. 늑대, 발톱, 잡아먹겠다는 으름장까지, 조절되지 않는 맥스의 주도성은 공격적이기까지 합니다. 결국 엄마는 맥스에게 저녁밥을 주지 않고 방에 가두어 자유를 빼앗아요. 맥스는 스트레스와 위기 의식을 느끼며 그것을 해소하기 위해 현실 세계를 탈출해 환상 속으로 떠납니다.

맥스가 도착한 곳은 바로 괴물들이 사는 나라예요. 그곳에서 맥스는 괴물 중의 괴물, 괴물들의 왕이 되어 그들을 길들입니다. 어쩌면 "이 괴물딱지 같은 녀석!"이라는 엄마의 비난에 맥스는 스스로를 괴물로 여겼던 것인지도 모르겠습니다. 왕이 된 맥스는 흥미롭게도 엄마가 했던 그대로 괴물들에게 저녁도 주지 않고 잠자리로 쫓아버려요. 비록 실제가 아닌 상상이지만 그 과정을 통해서 맥스는 다친 마음을 회복하고 현실로 돌아옵니다. 늑대 옷을 벗으며 엄마가 차려놓은 아직 따스한 저녁밥 앞으로 다가가는 맥스의 모습에서는 성숙함까지 느껴집니다.

모리스 샌닥은 두 그림책에서 각각 부엌과 숲이라는 마법의 공간으로 미키와 맥스를 보냅니다. 그곳에서 현실 세계의 질서가 파괴되고 어른과 아이의 힘의 관계가 뒤바뀌는 '카니발'carnival이 일어나요. 이렇게 혼동과 전복의 신나는 놀이 시간 동안 아이는 억눌린 욕망을 충족하고 한껏 해방감을 느낍니다. 그 힘으로 다시 현실로 돌아와 주어진 삶을 살아내는 것이지요.

에릭슨이 주장하는 심리사회적 발달은 영유아기에서 그치지 않

모리스 샌닥은 화면의 크기를 통해 맥스가 가진 자아의 힘을 표현합니다. 맥스가 환상 여행을 시작하면서부터 화면이 점점 커지다가 괴물들의 왕이 되어 카니발을 즐기는 이 장면에서는 펼침면 안에 그림이 가득 찹니다.

고, 아동기·청소년기·청년기·장년기 그리고 노년기에 이르기까지 전 생애 동안 진행됩니다. 인간은 태어나서 죽을 때까지 수많은 발달 위기를 극복하고 과제를 성취하면서 여러 자기 개념을 가지게 되고, 그것들이 점차 하나로 이어져 마치 한 걸음씩 계단을 오르듯 통합된 자아로 나아가는 것이지요. 우리 아이들도, 이 책을 읽고 있는 부모들도, 그리고 저 자신도 오늘의 위기를 발판으로 지금도 성장하고 있는 중입니다.

자존감의 색깔

우리는 일생 동안 나를 알기 위해 치열하게 애씁니다. 하지만 그렇게 알게 된 나를 사랑하는 것은 또 다른 문제입니다. 왜 누군가는 자신을 좋아하고 누군가는 자신을 마음에 들어 하지 않거나 때로는 미워하는 걸까요? 그 마음에 가장 큰 영향을 미치는 것도 바로 '타인'입니다. 앞서도 말했듯이 우리는 뼛속까지 사회적 동물이기 때문이에요.

정신분석학자 카렌 호나이Karen Horney는 인간에게는 타인과의 관계에 대한 근본적인 불안이 있다고 말했습니다. 그래서 어린 시절부터 타인을 기쁘게 함으로써 사랑받고 있다고 느끼고 불안으로부터 자신을 지키고 싶어 합니다. 인간의 5단계 욕구를 연구한 심리학자 에이브러햄 매슬로Abraham Maslow는 인간은 생존에 필요한 생물학적 욕구가 충족되면 그다음은 소속과 애정의 욕구가 충족되어야 비로소 행복을 느낄 수 있다고 말합니다. 여기, 타인의 인정과 평가에 의존하는 아이의 심리가 잘 그려진 그림책 한 권이 있습니다.

『줄무늬가 생겼어요』에서 카밀라는 아욱콩을 아주 좋아하지만 친구들이 모두 싫어하기 때문에 절대로 먹지 않습니다. 카밀라는 친구들에게 잘 보이려고 학교 가기 전에 옷도 마흔두 번이나 갈아입지요. 그렇게 인정받고자 애쓴 나머지 카밀라는 자신의 진짜 욕구를 꾹꾹 억누르고, 그 결과, 온몸에 무지개처럼 알록달록한 줄무늬가 생기는 '줄무늬병'에 걸리고 말아요. 줄무늬는 신기하게도 주위의 요구에 따라 물방울무늬로, 바둑판무늬로 변하고 전문가들의 진단에 따라 바이러스 덩어리가 되었다가 색색깔의 곰팡이가 되기

『줄무늬가 생겼어요』
데이비드 섀넌 글·그림,
조세현 옮김, 비룡소

도 합니다. 마치 카밀라가 세상의 요구와 기준에 따르듯이 말이에요. 다행히 어느 다정한 할머니가 나타나 카밀라에게 아욱콩을 먹으라는 처방을 내리고, 카밀라가 처음으로 자신의 진짜 욕망에 충실하게 아욱콩을 먹자 신기하게도 줄무늬가 사라지지요.

마지막 장면에서 카밀라는 자신의 본모습에 만족하며 행복하게 아욱콩을 먹습니다. 친구들이 카밀라가 이상해졌다고 수근거려도 귀 기울이지 않아요. 그리고 카밀라는 줄무늬라면 두 번 다시 건드리지도 않았다고 합니다. 그런데 그림 속 카밀라는 줄무늬 머리핀을 꽂고 있어요. 카밀라가 타인의 시선에서 영원히 멀어지는 건 결코 쉽지 않을 것임을 예고하는 게 아닐까요?

아이들은 생각보다 아주 이른 나이부터 타인을 의식합니다. 처음으로 혼자 숟가락질을 하고, 혼자 변기에 앉고, 혼자 옷을 입는 그 모든 순간에 아이들은 다름 아닌 '부모'를 의식합니다. 성공의 기쁨보다도 부모의 반응과 평가가 더 중요해요. 어린이집에 다니기 시작하면서부터는 교사와 또래까지 의식하게 되지요. 그러면서 서서히 아이의 '자존감'self-esteem이 모습을 드러냅니다.

자존감은 내가 나를 긍정적으로 여기는 정도를 뜻합니다. 자존감은 두 가지 요소로 이루어져 있는데, 나는 다른 사람의 사랑과 관심을 받을 만한 가치 있는 사람이라는 '자기 가치감'과 나도 무언가를 해낼 수 있다는 '자신감'이에요. 저는 자존감이 자기 개념 위에 스스로 칠하는 색깔과 같다고 생각합니다. 누군가는 기분 좋은 노랑이나 따스하고 사랑 가득한 빨강으로 칠하기도 하고, 누군가는 냉정한 파랑으로 칠하거나 보기 싫다며 검게 칠하기도 하지요. 색칠은 스스로 하지만 어떤 색을 칠할 것인지 선택할 때는 타인의 영향을 받습니다.

『에드와르도 세상에서 가장 못된 아이』의 주인공 에드와르도는 아주 평범한 아이예요. 다른 아이들이 그렇듯이 이따금 물건을 발

『에드와르도
세상에서 가장 못된 아이』
존 버닝햄 글·그림,
조세현 옮김, 비룡소

로 차거나 시끄럽게 떠들기도 하고, 방을 좀 어지럽히거나 씻는 것을 잊을 뿐입니다. 그런데 어른들은 콕 집어서 에드와르도를 꾸짖고 '세상에서 가장 못된 아이'라는 낙인을 찍어요. 에드와르도는 어른들의 평가와 사회적 판단을 그대로 자기 개념으로 받아들이며 진짜로 못되게 행동하고 점점 더 말썽을 부리지요. 그러니 에드와르도의 자기 가치감이 높을 리 없습니다.

그런 에드와르도에게 놀라운 일이 일어나요. 아주 작은 계기로 어른들에게 좋은 면을 보였는데, 어느새 '세상에서 가장 사랑스러운 아이'라고 불리더니 진짜로 칭찬받을 만한 사랑스러운 아이가 됩니다. 에드와르도의 본질은 하나도 변한 게 없는데도 말입니다.

이제 홀수라는 아이도 만나볼까요?『내가 잘하는 건 뭘까?』의 주인공 홀수는 잘하는 것에 대해 발표할 준비를 해오라는 과제에 풀이 죽습니다. 요즘 아이들이 그렇듯 홀수도 이것저것 배우는 게 많기는 하지만, 배운다고 다 잘하는 건 아니거든요. 학원에는 언제

『내가 잘하는 건 뭘까?』
유진 글·그림, 빨간콩

나 홀수보다 잘하는 아이들이 있고, 친구들과 비교하면 할수록 홀수는 한없이 작아지고 자신감이 사라집니다.

그런데 동생은 그런 홀수에게 형아는 뭐든지 잘 그린다며 그림을 그려달라고 부탁해요. 자신을 부러워하는 어린 동생을 보며 홀수는 남과 비교할 게 아니라 어제의 나, 과거의 나와 비교하면 지금 잘하는 게 얼마나 많은지, 또 앞으로 잘하는 게 얼마나 더 많아질지 깨닫습니다. 그러자 홀수의 자신감과 자존감이 환한 빛깔로 빛납니다.

자존감을 길러주는 부모

지금까지 살펴본 영유아기의 자기 개념과 자존감 발달의 중요한 공통점은 타인과의 상호작용이 큰 영향을 미친다는 사실이며, 그 타인들 가운데 가장 결정적인 존재는 두말할 것도 없이 부모입니다. 자, 부모는 어떤 과정을 통해서 아이의 자기 개념과 자존감에 영향을 미칠까요? 과연 어떤 부모 역할이 바람직한 것일까요?

우선, 아이는 부모의 모든 것을 '모방'modeling합니다. 부모의 미소를 따라 하고 말투와 행동도 따라 해요. 더 나아가 마치 부모가 된 것처럼 부모의 역할을 재현하며 부모와 '동일시'identification합니다. 두 살에 "싫어!"를 외치던 아이가 네 살에는 소꿉놀이를 하며 인형을 앉혀 놓고 부모처럼 "안 돼! 넌 못해! 이 말썽꾸러기!"라고 꾸짖는 거예요. 그런데 아이가 따라 하는 부모의 말과 행동에는 알게 모르게 부모 자신의 자기 개념과 자존감이 담겨 있기에 아이는 동일시를 통해서 부모의 자기 개념과 자존감까지 차곡차곡 내면화합니다.

부모는 아이의 행동에 반응하며 때로는 관심과 칭찬으로, 때로는 무관심과 외면, 꾸짖음과 잔소리로 피드백을 제공하는데, 그 피드백들 역시 아이의 자기 개념과 자존감에 영향을 줍니다. 초기 유아기 때 부모는 아이를 일관성 있게 돌보고 보호해주면서 동시에 '자율성'을 발휘하고 싶어 하는 아이의 의지를 유연하게 지지해주어야 해요. 혼자 먹겠다는 아이 때문에 식탁이 어지러워지고 식사 시간이 길어지더라도 아이의 의지를 존중하고 스스로 시행착오를 겪을 수 있는 기회와 시간을 넉넉히 주어야 합니다. 무엇이든 부모가 대신 해주면서 아이를 엄격히 통제하면 아이는 자신의 미성숙함을 들켰다는 수치심과 자기 능력에 대한 의심, 낮은 자존감을 갖게 될 것입니다.

후기 유아기 때 부모는 아이가 건강한 '주도성'을 발휘할 수 있도록 지지해주어야 합니다. 아이들은 이미 견고하게 만들어진 어른들의 세계에 살면서 내면의 성장이라는 과제와 외부 세계에 도전해야 하는 두 가지 과제를 가지고 있어요. 그러니 부모는 아이의 눈높이에 맞게 어른의 삶에 대한 다양한 경험을 나누고, 세상에 대한 아이의 관심사를 차츰 넓혀줘야 합니다.

특히 이 시기 아이들에게 그림책이 큰 도움을 줄 수 있는데, 책이 현실에 직접 개입할 수는 없어도 공감과 위로를 주고 감정의 해소를 도울 수 있습니다. 이 장에서 소개한 모리스 샌닥의 그림책들에는 소동을 일으키고, 나쁜 말을 하고, 현실을 탈출하는 주인공들이 등장합니다. 어떤 어른들은 이런 책이 아이에게 해가 되지 않을까 걱정하기도 하지요. 저는 오히려 현실에서는 드러내지 못하는 아이들의 숨겨진 욕망을 드러냄으로써 정신적 자유를 줄 수 있다고 생각합니다. 문학을 통한 대리 만족과 위안은 어른뿐만 아니라 아이들에게도 유효하며 그게 바로 인간이 책을 읽는 이유 가운데 하나이기 때문입니다.

부모는 아이의 새로운 도전에 대해서 아낌없이 칭찬해 아이가 자기 가치감을 마음에 새기도록 해주어야 합니다. 자기 가치의 내면화에 실패한 아이들은 자기 존재를 확인하기 위해서 항상 타인의 행동과 반응을 살피며 '더 눈에 띄는 나, 더 특별한 나'가 되는 데 집착할 수밖에 없습니다. 한편, 아이의 실수나 잘못에 대해서는 과도한 비판보다는 먼저 다친 마음에 대한 충분한 공감부터 해주어야 합니다. 그래야만 아이가 부메랑처럼 날아오는 죄책감에 무너지지 않아요. 부모가 공감의 피드백을 주면 아이는 심리적 안전을 느끼고 이후에도 실패에 대한 두려움 없이 세상이라는 시험대 위에서 마음껏 자기 탐색을 할 수 있습니다.

『엄마, 잠깐만!』에는 완벽한 도시 멋쟁이 차림의 엄마가 등장해 시간을 확인하며 빨리 가자고 아이를 재촉합니다. 엄마의 마음은 목표로 한 곳(아마도 유치원)을 향해 있지만 아이의 마음은 지나쳐 온 그 자리에 남아 있지요. 아이는 산책 나온 강아지, 공사장 아저

『엄마, 잠깐만!』
앙트아네트 포티스 글·그림,
노경실 옮김, 한솔수북

씨, 오리와 인사도 해야 하고, 수족관도 구경하고 싶은 것입니다. 아이가 "엄마, 잠깐만!"을 외칠수록 엄마는 점점 더 조급하고 다급해져요. 설상가상으로 소나기까지 내리기 시작하고, 지하철을 타야 하는 엄마는 더 이상 아이를 기다려줄 수 없습니다. 하지만 아이는 끝끝내 엄마의 옷자락을 잡아 끌며 "진짜, 진짜로, 잠깐만요!" 하고 외칩니다. 아이가 가리키는 곳에는 엄마가 바쁜 걸음을 멈추고 아이와 눈높이를 맞추지 않으면 결코 볼 수 없는 것이 있었답니다.

아이의 자기 개념과 자존감을 키워주는 부모의 역할도 느긋한 발걸음과 눈높이를 맞추는 정성 없이는 불가능합니다. 더 힘든 건, 부모에게도 그 시기의 발달 과제가 있고 흔들리는 자아가 있다는 사실이에요. 균형은 언제나 말처럼 쉽지가 않습니다.

자신만의 정체감을 향하여

인간은 성장하면서 여러 '나'를 만납니다. 처음으로 인식하는 신체 이미지로서의 나, 유치원에 다니는 남자아이 또는 여자아이로서의 나, 아동기의 운동을 잘하는 나, 노래를 잘하는 나, 부끄러움이 많은 나, 청소년기의 혼란스러운 나, 어른이 된 직업인으로서의 나, 부모가 된 나…. '나'의 탄생은 알을 깨고 나오는 게 아니라 라캉이 말한 것처럼 양파의 껍질을 벗기는 일이 아닐까요? 알은 단 한 번 깨지지만, 양파는 비늘줄기를 벗기고, 벗기고, 또 벗겨야 하며, 수북히 쌓인 벗겨낸 비늘줄기들도 모두 그때그때의 내가 찾은 나의 자기 개념이니까요.

이렇게 시간의 흐름에 따라서 사회 속에서 다양한 모습으로 존재하는 '나'를 모두 포괄하는 통합된 '나'에 대한 인식이 바로 자기 '정체감'identity입니다. 정체감의 발달은 전 생애에 걸쳐서 역동적으로 일어나요. 아이도, 어른도, 우리는 항상 변하고 있으며 우리의 자아도 그렇습니다.

> "싹이 터도 민들레, 잎이 나도 민들레, 꽃줄기가 쏘옥 올라와도, 민들레는 민들레."

마치 한 편의 시와 같은 그림책 『민들레는 민들레』는 민들레의 한살이를 담고 있습니다. 그런데 읽다 보면 어느새 흔하디흔한 꽃 민들레가 누가 보든 말든, 누가 알든 모르든 생의 매 순간에 이렇게 강하고 꿋꿋하게 자기다움을 지켜가고 있다는 사실에 새삼 감동하게 됩니다.

『민들레는 민들레』
김장성 글, 오현경 그림,
이야기꽃

　사랑받고 인정받기 위해서 나 아닌 다른 존재가 되어야 한다면 무슨 의미가 있을까요? 민들레는 민들레이고, 나는 나입니다. 내가 나일 때 가장 멋지고 귀하고 존엄합니다. 어느 철학자의 깨달음처럼 진짜 위대함은 다른 누구도 아닌 '나 자신'이 되는 데 있습니다. 결국 우리 모두는 나로 향하는 긴 여정의 어딘가에 있답니다.

07
빛과 그림자를 보다

"가족은 우리의 시작이자 우주입니다. 아무리 복잡한 현실일지라도 가장 중요한 것은 바로 사랑임을 잊지 마세요."

빛과 그림자를 보다

가족 환경

예쁘고 신기한 러시아 인형 마트료시카를 아시나요? 인형 속에 인형이 있고, 그 인형 속에 또 인형이 있어서 꺼내고 꺼내다 보면 맨 마지막에는 아주 작은 인형이 나옵니다. 인간과 환경의 밀접한 관계를 설명한 발달심리학자 유리 브론펜브레너Urie Bronfenbrenner는 인간을 이 마트료시카에 비유하며 가장 작은 인형을 '나'라고 했어요. 나를 감싸고 있는 다음 인형은 나와 가까이에서 직접적으로 영향을 주고받는 미시 체계가정과 가족·교육 기관·친구 등이고, 점점 커지는 인형처럼 더 크고 먼 환경이 나를 한 겹 한 겹 둘러싸고 있는 것이시요. 이 장에서는 특정 영역의 발달이 아니라 아이를 둘러싼 미시 체계 가운데 가장 가까운 근접 환경, 바로 가정과 가족에 대해서 이야기해보려고 합니다.

아이가 영유아기 동안 가장 오랜 시간을 보내는 곳은 가정이고, 가장 중요한 타인은 같은 공간에서 함께 생활하는 부모, 형제자매

등의 가족이에요. 가족의 외연은 시대에 따라 변하지만 가장 중요한 핵심은 '관계'이며, 아이들은 관계의 울타리 안에서 건강하고 안정하게 성장합니다.

생의 결정적 시기에 가족과 경험하는 관계의 질, 특히 부모의 영향은 절대적이라서 사실상 이 책의 모든 장에서 아이의 발달에 부모가 어떤 식으로 영향을 미치는지 끊임없이 이야기해왔고 또 이야기할 것입니다. 특별히 이 장에서는 부모라는 환경이 아이에게 '위험 요인'risk으로 작용하는 경우에 더 초점을 맞추고자 합니다. 더불어 형제자매와 관련된 발달 이슈들도 살펴보고, 건강한 가족의 조건에 대해서도 알아보겠습니다. 함께 소개하는 그림책들에 등장하는 다양한 가족의 모습이 아이의 입장에서, 그리고 부모의 입장에서 저마다의 가족을 비춰볼 수 있는 맑은 거울이 되기를 바랍니다.

부모라는 행복의 원천

부모는 아이가 타인과 경험하는 최초의 관계입니다. 세상에 태어나기도 전인 태아기부터 맺어져 영유아기 내내 부모는 아이의 성장 발달에서 유일무이한 환경이 되지요. 부모는 아이에게 헌신적인 돌봄과 무조건적인 사랑을 쏟으며 정서적 지지자의 역할을 합니다. 또한 상호작용을 통해서 아이에게 인지적·사회적 발달의 기초를 만들어주고, 세상에 잘 적응하고 살아갈 수 있도록 사회화

socialization 시킵니다.

 부모는 아이에게 행복의 원천이기도 합니다. 유아들이 보고하는 '행복했던 기억'의 한 장면에는 늘 부모가 있어요. 그들은 부모와 함께할 때 가장 행복하다고 말하며, 재미있게 놀아주는 부모, 다정하게 안아주는 부모, 무조건 사랑해주는 부모를 '좋은 부모'로 꼽습니다.

 『비오는 날의 소풍』은 벨기에의 그림책 작가 가브리엘 뱅상 Gabrielle Vincent의 작품입니다. 귀여운 꼬마 쥐 셀레스틴과 덩치 큰 곰 아저씨 에르네스트가 아기자기한 일상을 살아가는 에피소드로 구성된 시리즈 그림책 가운데 한 권이에요. 둘은 전통적인 의미의 가족은 아니지만 에르네스트는 분명 셀레스틴의 부모 역할을 하고 있습니다.

 소풍을 가기로 한 날 아침에 비가 내리자, 한껏 기대에 부풀었던 셀레스틴이 실망감에 뾰로통해집니다. 에르네스트 아저씨는 셀

『비오는 날의 소풍』
가브리엘 뱅상 글·그림,
햇살과나무꾼 옮김. 황금여우

레스틴의 마음을 존중하기에 나무라지도, 그냥 집에 있자고 설득하지도 않아요. 오히려 비가 오지 않는다고 상상하며 빗속으로 소풍을 나서자는 멋진 제안을 합니다. 둘은 우비를 입고 우산을 쓰고 춤을 추며 숲속으로 향합니다. 그리고 비닐 텐트 안에서 도시락을 먹고 신나게 놀지요. 에르네스트 아저씨는 그저 '다 큰 어른이 어린애처럼' 놀아주었을 뿐인데 셀레스틴은 행복합니다. 셀레스틴에게 에르네스트 아저씨는 참 좋은 부모입니다.

아이가 바라는 좋은 부모가 되는 길은 이토록 쉽고 단순한데, 왜 현실에서 어떤 부모들은 아이에게 행복을 주는 게 아니라 오히려 불안과 좌절을 느끼게 할까요? 그건 아마도 부모 역시 미완의 존재이며, 부모로 사는 삶이 결코 쉽고 단순하지 않기 때문일 것입니다. 부모는 때때로 예측 불가능한 삶의 위기에 표류하면서 아이의 건강한 발달을 위협하는 역기능을 합니다. 부모가 어떤 상황에 있을 때 이런 역기능을 하게 되는지 몇 가지 부모 위험 요인들에 대해 이야기해보겠습니다.

부모의 잘못된 양육 행동

부모가 아이를 보살피고, 애정을 주고, 의사소통하고, 훈육하는 방식을 통틀어 '양육 행동'parenting behavior이라고 일컫습니다. 그 안에는 부모가 아이에게 느끼는 친밀감의 정도, 부모 자신의 성격과 가치관, 심리 상태 등이 응집되어 있으며, 일상의 상호작용을 통해서 의식적·무의식적인 태도와 몸짓, 언어로 아이에게 고스란히 전달되어 영향을 미쳐요.

학자마다 차이가 있긴 하지만, 부모의 양육 행동에서 중요한 두 중심축은 '애정'과 '통제'입니다. 이를 테면, 아이에게 애정도 없고 통제도 거의 안 하는 부모들이 있어요. 그들은 한마디로 방임하는 부모이고 무책임한 부모입니다. 아이가 그런 부모의 관심을 조금이라도 얻으려면 감정과 행동을 더 크고 더 세게 표출해야 하므로 결국 문제 행동으로 이어지기 쉽습니다.

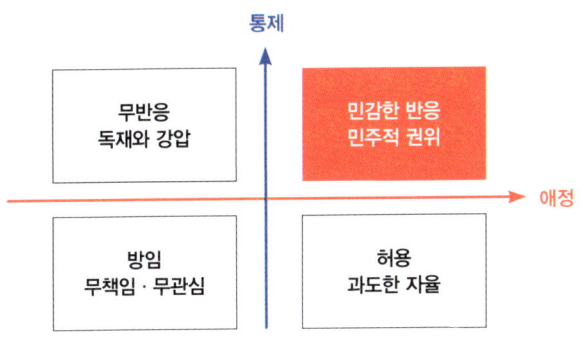

아이에 대한 애정은 높지만 통제를 하지 않는 부모들은 어떨까요? 그들은 사랑하는 아이와의 갈등을 피하고자 모든 요구를 받아주고, 무조건 허용하며, 훈육을 거의 하지 않습니다. 얼핏 보면 좋은 부모 같지만, 그런 부모 밑에서 아이의 관심은 오직 자기 자신에게로 향하기 때문에 타인에 대한 공감력이나 자신을 억제하는 조절력을 기르기 어려워요.

정반대로 애정은 낮고 통제만 높은 부모들도 있습니다. 그들은 아이의 감정이나 욕구는 돌보지 않고 일방적으로 부모의 말에 따르기만을 바랍니다. 아이가 어긋날 때에는 설명과 설득의 과정도 없이 야단치고, 벌주고, 때로는 사랑을 거두겠다는 위협도 서슴지 않지요. 그러니 아이는 늘 부모라는 독재자의 눈치를 보고 위축되어 있으며 불안 수준도 높습니다.

이렇게 부모가 습관적으로 저지르는 잘못된 양육 행동들이 아이의 발달을 위협합니다. 자연재해나 큰 사고를 겪은 뒤 '트라우마'trauma, 즉 정신적 외상을 입는다는 말을 들어보셨을 거예요. 사람 사이의 관계에서도 우리는 '스몰 트라우마'small trauma를 입는데, 부모의 잘못된 양육 행동으로 인해 아이가 입는 트라우마는 비록 작지만 오랫동안 되풀이되며 누적되기에 더욱 심각합니다.

그렇다면 바람직한 양육 행동은 어떤 것일까요? 바로 부모의 애정도 높고 통제 수준도 높되, 이때의 통제는 분명한 원칙과 부모다운 권위를 기반으로 하는 경우입니다. 그런 부모들은 아이를 깊이 사랑하고, 아이와 항상 대화하며 민감하게 반응하고, 안정된 애착을 형성하고 있습니다. 동시에 아이를 충분히 통제하면서 일관된 한계 설정을 하므로 아이는 되는 것과 안 되는 것 사이에서 혼란스럽지 않게 심리적 안정감과 자기조절력을 기를 수 있습니다.

감정에 대해 다뤘던 이 책의 제5장 「마음에 말을 걸다: 정서 지능」에서 소개한 그림책 『너 왜 울어?』의 엄마를 다시 만나보겠습니다. 첫 장면부터 엄마는 아이에게 코트와 장화를 찾아오라고 지시를 쏟아내더니 못 찾아오면 엉덩이를 한 대 때리겠다고 협박합

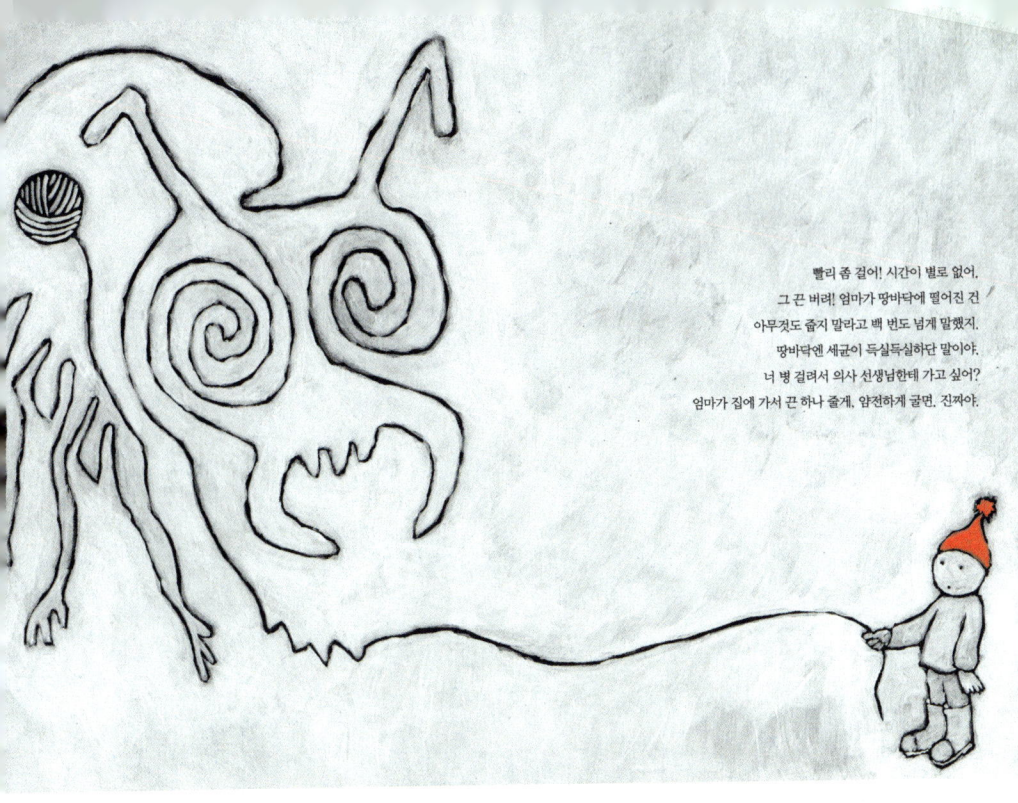

빨리 좀 걸어! 시간이 별로 없어.
그 끈 버려! 엄마가 땅바닥에 떨어진 건
아무것도 줍지 말라고 백 번도 넘게 말했지.
땅바닥엔 세균이 득실득실하단 말이야.
너 병 걸려서 의사 선생님한테 가고 싶어?
엄마가 집에 가서 끈 하나 줄게, 얌전하게 굴면, 진짜야.

아이를 윽박지르고 협박하며 무조건
통제만 하려는 마치 독재자와 같은 부모의
양육 행동은 아이에게 좌절과 불안을 심어줍니다.

니다. 거리로 나온 엄마는 재잘거리는 아이에게 감기에 걸리고 싶지 않으면 입을 다물라고 하고, 놀이터에서는 옷을 더럽히지 말라고 윽박지릅니다. 이야기하고 싶고 놀고 싶은 아이의 욕구 따위는 아랑곳하지 않지요. 누구도 즐거울 리 없는 외출 끝에, 엄마는 아이가 장화를 안 벗어서 온 집 안에 모래를 묻혔다며 화를 내고 아이는 결국 서럽게 울음을 터뜨립니다. 이 엄마는 아이에 대한 애정은 낮고 옴짝달싹 못하게 통제만 할 뿐입니다.

같은 상황에서 애정과 통제가 모두 높은 바람직한 양육을 하는 엄마라면 어떻게 행동할까요? 아이에게 바깥 날씨가 추우니 어떤 옷차림을 해야 하는지 차근차근 설명해준 뒤 코트와 장화를 찾아오라고 할 수 있을 거예요. 엄마와의 외출로 신난 아이의 마음을 이해하기에 쉼 없는 재잘거림에 기꺼이 장단 맞춰주고, 놀이터에서는 옷이 더러워지는 것을 신경 쓰기보다 놀고 싶은 아이의 욕구를 더 존중해줄 것입니다. 집에 들어가기 전에 집 안을 더럽히지 않도록 장화의 모래를 털고 들어가라고 미리 규율을 알려줌으로써 아이 스스로 행동을 조절하도록 도울 것이고요.

물론 현실에서의 양육 행동은 훨씬 더 복잡한 양상으로 나타납니다. 우선, 부모만 아이에게 영향을 미치는 게 아니라 아이도 부모에게 영향을 미치지요. 예를 들어, 아이가 기질적으로 반항과 떼가 심한데 부모가 호수처럼 평온하기란 결코 쉽지 않습니다. 또, 부모가 겪는 삶의 스트레스도 양육 행동에 영향을 미칩니다. 양육 행동 설문지를 받은 많은 부모들은 자신의 행동을 어느 한 가지로 규정하기 힘들어합니다. 아무리 좋은 부모가 되고자 해도 어쩔 수 없이 그때그때의 부정적 감정과 상황에 휘둘리며 변하기 때문이에요. 그러니 부모가 할 수 있는 최선의 노력은 '애정'과 '통제'라는 큰 기준을 세우고 자신의 양육 행동을 끊임없이 점검하는 것이 아닐까 합니다.

자꾸 엄마에 관한 예만 들어서 미안하지만, 『고함쟁이 엄마』에는 첫 장면부터 고함을 지르는 엄마 펭귄이 등장합니다. 엄마가 화

『고함쟁이 엄마』
유타 바우어 글·그림,
이현정 옮김, 비룡소

를 내는 데에는 분명 이유가 있겠지만, 아이는 충분히 설명해주지 않으면(어쩌면 충분히 설명해주어도) 알지 못해요. 꼬마 펭귄은 느닷없는 봉변에 놀라서 온몸이 산산이 흩어져 날아갑니다. 머리는 우주, 몸뚱이는 바다, 두 날개는 밀림, 부리는 산꼭대기…. 아마 아이가 생각할 수 있는 가장 먼 곳이 아닐까요?

꼬마 펭귄은 두 발만 남아서 달리기 시작하는데, 눈이 없으니 보이지 않고 입이 없으니 소리칠 수도 없습니다. 깊이 상처 입은 아이의 고립감과 답답함이 그대로 느껴져요. 우리 아이들이 일방통행하는 부모의 거센 감정과 맞닥뜨릴 때의 마음이 바로 이럴 거예요.

마침내 뜨거운 사막까지 내달렸을 때, 꼬마 펭귄은 자신의 몸을 모아서 하나로 꿰매고 있는 엄마를 만납니다. 두 발까지 꿰맨 엄마는 "아가야, 미안해" 하며 사과합니다. 엄마는 다시금 애정과 통제의 균형을 맞추려고 애쓰고, 몸에 두 발이 붙은 꼬마 펭귄은 이제 엄마에게 다가갈 수 있어요. 엄마 펭귄과 꼬마 펭귄은 함께 푸른 조각배를 타고 떠납니다. 같은 배에 탄 엄마와 아이는 삶이라는 바

가족 환경 199

다에서 앞으로도 무수한 파도에 휩쓸릴 테지만 성장이라는 항해는 계속될 것입니다.

부모 사이의 갈등

부모가 걸핏하면 목소리를 높여 서로 말다툼을 하고 집 안에는 찬바람과 냉랭한 기운만 흐른다면 그걸 지켜보는 아이의 마음이 어떨까요? 아이에게 필요한 것은 보호와 사랑을 받고 있으며 그래서 안전하다는 느낌인데, 자신을 지켜주어야 할 울타리가 덜컹덜컹 마구 흔들리는 것입니다. 그러니 아이는 그 상황을 생존에 대한 위협으로 받아들여 불안에 떨고 슬퍼하고 두려워해요. 이처럼 부모 사이의 심각한 갈등은 아이의 발달을 위협하는 또 다른 위험 요인입니다.

그런데 놀랍게도 아이들은 부모의 갈등 이유를 자신 때문이라고 생각합니다. 여러 연구를 보면 유아부터 초등 저학년까지의 아이들은 부모가 행복할 때도 자기 덕분이라고 답하고, 부모가 화가 났을 때도 자기 때문이라고 답했어요. 아이들은 상황 이해력이 부족하고 싸움의 원인도 알지 못합니다. 그런데다가 유아기의 '자기중심적 사고' 때문에 부모의 부정적 감정마저 자기 탓을 하며 모두 '나 때문'이라는 죄책감을 느끼는 것이지요.

『혼나기 싫어요!』에서 엄마 토끼는 아침부터 꼬마 토끼에게 잔소리를 퍼붓고 아빠 토끼는 화를 냅니다. 꼬마 토끼는 자신이 무엇을 잘못했는지 알지 못한 채 혼란스럽기만 해요. 그저 어젯밤에 엄

『혼나기 싫어요!』
김세실 글, 폴린 코미스 그림, 나무말미

마 아빠가 싸우는 소리를 들었을 뿐인데, 칼날과 가시가 자신을 찌르는 것만 같습니다. 꼬마 토끼는 밖에서도 온종일 야단을 맞아요. 그러자, 어쩌면 자기가 진짜로 말썽꾸러기라서 엄마 아빠가 다투고 화내는 건 아닐까 생각하게 되지요. 집으로 향하는 꼬마 토끼는 한없이 작고 또 작아집니다.

외롭고 지친 꼬마 토끼가 원하는 건 평범하고 분명합니다. 바로 자신을 꼭 안아주고 안심시켜 주는 부모예요. 하지만 서로를 미워하느라고 바쁜 부모는 그럴 여력이 없어 보입니다. 꼬마 토끼를 보며 현실의 부모들은 어린 시절의 경험을 떠올리기도 하고, 부모로서의 자신을 되돌아보기도 하며 마음 아파질 것입니다.

세상에 갈등 없는 관계는 없습니다. 중요한 것은 어떻게 해결하는가예요. 부부 싸움 뒤에는 아이에게 꼭 설명을 해주세요. 엄마 아빠가 생각이 달라서 다투었지만 서로 미워하는 건 아니라고 말입니다. 그리고 너와는 아무 상관이 없으며 너 때문이 아니라고 분명히 말해주세요. 부모가 화해하고 문제를 원만히 풀어가는 모습을 보면 아이의 감정은 다시 평온해지고, 한편으로는 갈등 해결의 기술을 배우는 기회가 될 수도 있을 것입니다.

하지만 갈등의 골이 너무 깊어서 끝내 메우지 못하고 파경에 이르는 부부도 있습니다. 부모의 이혼은 당연히 아이에게 심리적 스트레스를 주지만, 이혼에 이르는 지난한 과정의 스트레스가 더욱 심각해요. 한때 사랑의 증거였던 아이는 사랑의 종말로 치닫는 부모의 극심한 갈등을 수시로 목격하면서 언제 버림받을지 모른다는 공포 속에서 하루하루를 보내게 됩니다.

『따로 따로 행복하게』는 어둡고 음울한 이혼의 무게를 걷어낸 자리에 단순 명쾌한 아이들의 시선을 펼침으로써 이혼의 과정을 더없이 코믹하게 그리고 있습니다. 그림책 속 엄마와 아빠는 달라도 너무 달라요. 어쩌면 서로에게 이끌리게 했을 그 차이점이 점점 꼴 보기 싫어지며 둘은 유치찬란한 싸움을 벌입니다. 이를 테면, 아빠는 엄마의 욕조에 시멘트를 섞고, 엄마는 아빠의 음식에 폭죽을 넣는 식으로 말이에요.

『따로 따로 행복하게』
배빗 콜 글·그림, 고정아 옮김, 보림

이쯤 되자, 이 집 아이들의 걱정과 고민은 이만저만이 아닙니다. 이들은 엄마 아빠 때문에 골치 아픈 다른 친구들과 머리를 맞대고 결론을 내리지요. 함께인데 행복하지 않고, 살면 살수록 서로를 미워하게 된다면, 방법은 '끝혼식'밖에 없다고요! 작가는 이혼의 과정에서 소외되기 쉬운 아이들이 이렇게 목소리를 내고 통제력 갖도록 이야기를 전개했습니다. 마침내 아이들은 엄마 아빠와 함께 신나는 끝혼식을 치르고 따로따로 행복의 길을 찾습니다.

연구자들은 오히려 갈등이 심한 부모가 이혼하지 않고 내내 싸우며 사는 경우보다 이혼으로 갈등을 끝냈을 때 아이들이 더 잘 적응한다고 보고합니다. '너희를 위해 참고 산다'는 말은 그 누구도 위할 수 없기에 틀렸습니다. 그러나 아이가 부모의 이혼을 받아들이고 적응하려면 이혼의 과정에서 부모의 책임감 있는 대처가 필요해요. 아무리 아이가 어리더라도 거짓으로 숨기거나 일방적으로 통보하면 안 됩니다. 아이에게 충분히 설명하고 설득하며, 무엇보다 함께 살지 않는 한쪽 부모와의 관계도 영원히 유효함을 알려주고 안심시켜야 합니다. 부모의 상처가 쓰라리겠지만, 아이의 유년기에 새겨질 상처 또한 똑바로 응시해야 합니다.

부모의 사회경제적 스트레스

마지막으로 다룰 부모 위험 요인은 부모가 겪는 다양한 스트레스입니다. 고용 불안정, 높은 집값, 상승하는 물가, 일과 육아의 양립, 사교육 경쟁 등 현대 사회가 안고 있는 문제들은 고스란히 부모의 스트레스가 됩니다. 최근에는 코로나19로 인한 돌봄 공백과 가정 경제 위기까지 더해졌지요. 그림책 같은 문학 작품은 시대를 반영합니다. 두 권의 그림책을 통해서 요즘 부모들이 겪는 위기들 가운데 육아 스트레스와 경제적 스트레스를 살펴보겠습니다.

2020년 '아스트리드 린드그렌상'Astrid Lindgren Memorial Award 수상으로 세계 최고의 그림책 작가로 인정받은 백희나 작가는 특히 가족의 정을 소재로 하는 작품을 여럿 출간했습니다. 따스한 이야기 속에 웃음을 자아내는 판타지와 작가적 문제 의식, 세계관이 잘 어우러져 있고, 인물과 배경을 다양한 소재의 3차원 모형으로 제작한 뒤 촬영하는 입체 일러스트 기법이 독특합니다.

『이상한 엄마』에 등장하는 엄마는 오늘도 정신 없이 바쁘게 일하다가 호호가 아파서 학교에서 조퇴했다는 소식을 듣습니다. 퇴근까지는 아직 멀었기에 발만 동동 구르다가 친정 엄마한테 전화를 거는데, 전화를 받은 건 다름 아닌 하늘의 선녀였어요. 바로 '이상한 엄마'라는 제목이 가리키는 엄마입니다. 선녀는 현실 세계와 구분되는 2차 세계에서 구름을 타고 호호네 집에 도착합니다. 마치 달걀에 이목구비를 그린 것처럼 생긴 선녀는 아픈 호호를 위해 달걀국과 달걀프라이를 만들고, 퇴근한 엄마랑 먹으라고 커다란 오므라이스까지 만들어요. 가장 흔한 식재료로 만든 평범한 음식들이 이 가정을 위로해줍니다.

『이상한 엄마』는 일과 육아라는 두 가지 과제를 끌어안고 전전긍긍하며 살아가는 엄마들의 애달픔과 고달픔을 보여줍니다. 무려

『이상한 엄마』
백희나 글·그림, 책읽는곰

　선녀의 손까지 빌렸음에도, 엄마는 허둥지둥 집에 돌아와서 옷도 갈아입지 못하고 아이 곁에서 잠들어요. 선녀로 상징되는 조부모의 돌봄이 호호와 엄마에게 짧은 안식을 주기는 했지만 이런 일은 앞으로도 반복되겠지요. 진짜로 절실히 필요한 건 육아에 대한 폭넓은 사회·경제적 지원일 것입니다.

　부모가 겪는 경제적 스트레스는 보다 심각한 양육 위기로 이어질 수 있습니다. 부모의 긴 노동 시간과 부족한 휴식은 아이와 보내는 시간의 양과 질을 저하시킵니다. 또, 실직이나 불안정적인 수입으로 생활에 쪼들리다 보면 아이에게 마음 놓고 투자하기도 힘들지요. 이런 경제적 문제들은 부모의 불안과 욕구 불만을 발생시키고, 그 결과 부모로서의 자신감이 낮아지며 부적절한 양육 행동을 할 가능성이 높아집니다. 나쁜 상황은 더 나쁜 상황을 낳기 마련이라 경제적 스트레스는 점점 부부 사이의 갈등, 부모의 정서적

『달 밝은 밤』
전미화 글·그림, 창비

문제, 나아가 가족 해체로까지 확대될 수 있어요.

　전미화 작가는 행복하고 즐거운 이야기들로 가득한 그림책 세상에 소외되고 불행한 아이들을 데려와 따스하게 보듬어줍니다. 『달 밝은 밤』의 주인공은 초등학생으로 보이는 아이예요. 실직을 한 아빠는 언제나 술에 취해 있고 생계를 책임진 엄마는 늦게 들어와 잠만 잡니다. 누구도 아이의 일상을 돌보지 않아요. 엄마 아빠가 싸우는 날이 점점 늘어나더니 결국 엄마는 멀리 일하러 간다며 아이를 남겨둔 채 집을 떠납니다. 기댈 곳 없는 아이는 홀로 결심해요.

　"나는 나를 믿을 것이다. 달과 함께 살아갈 것이다."

　아이의 근접 환경인 부모는 캄캄한 어둠이지만, 다행히도 아이는 그 어둠 속에 갇히길 거부합니다. 아이에게는 밝고 환한 달이 있기 때문이에요. 그것은 더 나은 내일의 꿈과 희망일 수 있고, 아이를 지지해주는 다른 어른들의 사랑일 수도 있습니다.

이 그림책은 부모의 경제적 스트레스가 한 가족을 어떻게 무너뜨리는지 여실히 보여줍니다. 아이가 어릴수록 오직 부모에게만 의존해야 하기에 아직 적응 역량이 부족한 아이들은 부모라는 환경의 그늘에 압도되어 버릴 수 있습니다. 그러나 부모가 가난하다고 해서 아이를 행복하게 해줄 수 없는 건 절대로 아닙니다! 가족의 경제적 어려움 속에서도, 그리고 앞서 말한 여러 위험 요인 아래에서도 건강하게, 또는 더 놀랍게 발달하는 수많은 아이들이 있습니다. 그 아이들에 대해서는 어떻게 설명할 수 있을까요? 이 장의 뒷부분에서 좀더 이야기해보도록 하겠습니다.

생애 첫 경쟁자, 형제자매

자, 이제 어린 시절로 돌아가 추억의 조각 그림들을 맞춰보세요. 행복했던 순간, 즐거웠던 순간, 또는 참을 수 없이 화났던 순간, 그 흐릿한 기억 속에 매번 함께하고 있는 나와 닮은 또 다른 아이가 있지 않은가요? 우리의 유년기를 온전히 공유했던 그들, 바로 형이나 누나, 언니 또는 동생입니다. 형제자매는 인간이 태어나 부모 다음으로 사회적 관계를 맺는 대상이자 중요한 근접 환경이에요. 삶의 든든한 지지자가 되고 때로는 혹독한 경쟁자가 되어 일생 동안 좋든 싫든 서로 영향을 주고받습니다.

형제자매 관계에는 몇 가지 독특한 특징이 있습니다. 첫째, 몇 살

터울이 있어도 또래 친구와 비슷한 상호주의의 성격이 있어요. 형제자매는 서로 관심사를 공유하고 가장 친한 놀이 친구가 되어 함께 놀며 그 과정에서 타인의 마음을 이해하는 능력과 다양한 사회적 기술을 익힙니다. 그러면 형제자매가 없는 외둥이들을 걱정해야 할까요? 그건 아닙니다. 외둥이들이 상호작용의 경험 측면에서는 분명 불리하긴 하지만, 또래 관계를 통해서 보완하며 점차 간극을 좁힐 수 있습니다.

둘째, 형제자매 관계는 부모-자녀 관계와 비슷하기도 합니다. 형제자매에게는 '출생 순위'birth order라는 타고난 서열이 있고, 그에 따른 역할과 기대치가 있어요. 이를 테면, 손위 형제자매는 책임감과 성숙함에 대한 부모의 압력을 느낍니다. 동생은 손위 형제자매를 모방하며 많은 걸 배우고 정서적으로도 의지하지요. 제2장 「생애 처음 사랑을 배우다: 애착」에서 설명한 에인스워스의 '낯선 상황 과제' 실험50쪽 참조을 변형해서 10~20개월 아기들과 다섯 살 형제자매를 대상으로 시행했을 때, 낯선 상황에서 스트레스를 받은 아기들은 손위 형제자매에게 매달렸습니다. 손위 형제자매들은 비록 서툴지만 엄마처럼 위로와 보살핌의 행동을 보였고요.

하지만 형제자매 사이가 아무리 좋더라도 시시때때로 일촉즉발의 대립과 갈등이 일어나는 건 어쩔 수 없습니다. 형제자매 관계의 마지막 세 번째 특징인 '경쟁' 때문이지요. 형제자매는 부모의 사랑·관심·인정을 놓고 겨루면서 행여나 부모가 다른 형제자매에게 더 많은 관심을 보이면 서로 질투심을 느낍니다. 질투심은 점차 형제자매에 대한 미움과 분노로 변하고, 동시에 부모가 자신을 사랑하지 않을지 모른다는 불안이 커져요. 이 불안감이 경쟁심에 불을 붙이는 것입니다. 지금부터 손위 형제자매와 동생의 위치에서 각각 마음을 들여다보기로 하겠습니다.

형 · 언니 · 오빠 · 누나라서…

한 가정에 그토록 원하던 첫아이가 태어납니다. 첫아이는 부모의 모든 시간과 관심을 아낌없이 받는 특권을 누리며 자신이 매우 특별한 존재라고 느껴요. 그런데 하루아침에 모든 상황이 180도로 '달라지는' 달갑지 않은 일이 찾아옵니다.

앤서니 브라운Anthony Browne의 『달라질 거야』에서 주인공 조셉은 어느 날 자신을 둘러싼 모든 것들이 기이하게 변하는 불길한 조짐을 발견합니다. 주전자가 고양이로 변하고, 슬리퍼에서 날개가 돋

『달라질 거야』
앤서니 브라운 글·그림,
허은미 옮김, 미래앤아이세움

아니고, 안락의자는 무시무시한 고릴라가 되는 거예요! 알 수 없는 불안감에서 벗어나고자 집 밖으로 나오지만 마치 숨은그림찾기처럼 작가가 곳곳에 그려 놓은 시각적 메타포들이 오히려 감정을 고조시키고, 결국 조셉은 캄캄한 방 안에 숨어버립니다. 무엇이 조셉을 이토록 혼란스럽게 하는 걸까요? 그 의문은 엄마 아빠가 갓난 여동생을 안고 집으로 돌아오는 장면에서 비로소 풀립니다. 작가는 앞으로 조셉에게 일어날 '변화'를 환경의 '변형'으로 암시한 것입니다.

동생의 탄생은 첫째 아이의 의지나 기대와는 상관없는 불가항력적인 일입니다. 조셉이 그랬듯이, 첫째 아이는 느닷없이 형이나 오빠, 언니나 누나가 되어 앞으로 무엇이 어떻게 달라질지 불안 반 호기심 반의 마음으로 지켜보기만 할 뿐이에요. 서양의 옛이야기를 분석한 브루노 베텔하임은 『금발머리 소녀와 곰 세 마리』가 그런 아이들의 심정을 대변한다고 말했습니다. 아기 곰의 관점에서 보면 금발머리 소녀는 어디선가 갑자기 나타난 동생으로서 아기 곰의 음식을 먹고, 의자를 부수고, 침대까지 빼앗으며 호시탐탐 아기 곰의 자리를 넘봅니다. 그대로 두면 부모의 사랑까지 빼앗을지 모를 금발머리 소녀는 아기 곰에게 낯설고 위협적인 '침입자' 이상도 이하도 아닌 거예요. 다행히 금발머리 소녀는 숲속으로 돌아가지만 현실은 그렇지 않습니다.

에즈라 잭 키츠Ezra Jack Keats의 『피터의 의자』에도 그런 '침입자'가 등장합니다. 피터의 엄마가 행복한 미소를 지으며 요람을 흔들

『피터의 의자』
에즈라 잭 키츠 글·그림, 이진영 옮김,
시공주니어

고 있는데, 피터는 자신이 아기 적에 쓰던 요람이 분홍색으로 칠해진 걸 깨달아요. 게다가 다음 장면에서는 아빠가 피터의 식탁 의자를 분홍색으로 칠하고 있습니다. 피터는 분홍색으로 칠해진 아기 침대까지 발견하고 더는 참을 수 없게 됩니다.

사실, 가난한 피터의 부모는 아기를 위해서 새 가구를 살 수 없기에 피터가 쓰던 것을 동생에게 물려주려는 거예요. 하지만 피터가 볼 때 자신이 쓰던 요람, 식탁 의자, 아기 침대는 단순한 가구가 아닙니다. 잠을 자고 먹는 것과 같은 가장 기본적인 욕구 충족과 관련된 그 물건들은 바로 부모의 보살핌과 애정을 상징해요. 그것들이 파란색에서 분홍색으로 바뀜으로써 피터는 부모의 사랑이 자신에서 동생에게로 옮겨갔다고 느끼는 것입니다. 피터의 분노 대상은 '아기'가 아니라, 사랑을 거두려고 하는 '부모'입니다.

피터는 아직 분홍색으로 칠해지지 않은 파란 의자를 들고 집 밖으로 도망쳐요. 그러고는 낡은 벽돌담 아래에 자리 잡고 파란 의자에 앉아 쉬려고 하는데 이런, 의자가 너무 작습니다! 바로 표지에

엄마는 커튼을 휙 젖혔지.
하지만 피터는 거기에 없었어!

피터가 소리쳤어. "나 여기 있어요."

피터는 엄마가 자신을 찾으려고 애쓰는 모습에
안심과 만족을 느끼고, 동시에 자신이 엄마를
속일 만큼 성장했음에 뿌듯해합니다.

나오는 장면이에요. 파란 의자는 피터에게 더 이상 아기가 아니라는 현실을 일깨워주며, '큰아이·오빠'라는 새로운 역할을 받아들일지 거부할지를 묻는 듯합니다.

피터는 엄마 몰래 집 안으로 들어와 숨어버립니다. 엄마는 커튼 밑으로 보이는 피터의 발을 보고 커튼을 열어 젖히지만, 거기엔 피터의 파란 신발만 덩그러니 놓여 있어요. 피터의 기대 대로 엄마는 피터를 찾아 나섰지만 피터의 속임수에 깜박 속습니다. 피터는 왜 느닷없이 엄마를 숨바꼭질로 이끌었을까요? 아이들은 술래가 되기보다는 숨고 싶어합니다. 그리고 아이러니하게도 술래가 자신을 영영 못 찾길 바라는 게 아니라 반드시 찾아내주길 바라지요. 어쩌면 엄마는 처음부터 피터가 어디 숨었는지 알고 있었음에도 피터에게 주도권을 내준 거예요. 피터는 이 놀이를 통해서 엄마와의 '정서적 영속성'을 확인했을 뿐만 아니라 자신이 가진 내적인 힘도 확인했습니다. 마침내 피터는 새로운 역할을 받아들일 용기를 가지게 된답니다.

동생이니까…

그러면 동생은 어떨까요. 순진한 침입자라는 자신의 위치가 만족스럽기만 할까요? 결코 그렇지 않습니다. 부모의 내리사랑과 관심을 쉽게 차지할 수는 있지만, 이미 가족 내에서 중요한 위치에 있는 손위 형제자매의 존재는 뛰어넘을 수 없는 벽이에요. 통상 첫째 아이보다 적어도 한 살 이상 어릴 수밖에 없는 동생은 처음부터 신체적·인지적으로 열세에 있으며, 놀이나 대화에 끼려고 할 때마다 훼방꾼 취급을 받기 일쑤입니다. 출발부터 공정하지 못한 경기에 뛰어든 선수인 것입니다.

　동생은 어쩔 수 없이 커다란 욕구 불만을 가집니다. 많은 둘째 아이들이 첫째 아이보다 자존감이 낮다는 연구 결과들이 이를 뒷받침해주지요. 부모는 이런 동생을 위로하려고 '이다음'에 크면 형이나 언니만큼 잘할 수 있다고 말해주지만, 아이들에게는 '지금, 이 순간'만이 중요할 뿐이에요. 동생들은 스스로 대안을 찾아서 손위 형제자매와는 다른 성격과 능력을 키우기 시작합니다.

　『티치』의 주인공 티치는 아주 작은 아이입니다. 누나 메리도 티치보다 크고, 형 피트는 티치보다 꽤 크지요. 그들은 키만 더 큰 게 아닙니다. 티치가 작은 세발자전거를 탈 때 누나와 형은 커다란 두발자전거를 멋지게 탔고, 연날리기, 악기 연주 등 뭐든 티치보다 더 잘합니다. 그러다 보니 점점 마음까지 작아지던 티치에게 어느 날

『티치』
팻 허친스 글·그림,
박현철 옮김, 시공주니어

멋진 일이 생기지요. 티치가 아주 작은 씨앗을 누나와 형의 키보다 더 큰 식물로 길러낸 거예요! 마지막 장면에서 어깨를 펴고 배를 쑥 내민 티치의 자랑스러운 몸짓을 보면 절로 미소가 지어집니다. 이 그림책은 세상 모든 동생들에게 자신들처럼 작은 씨앗도 커다랗게 자랄 수 있다는 희망과 통쾌함을 줍니다.

『언니와 동생』에는 네다섯 살쯤 차이가 나 보이는 두 자매가 등장합니다. 언니는 놀아주고, 지켜주고, 가르쳐주고, 달래주며 동생을 보살펴요. 전형적인 부모-자녀 같은 자매 관계이지만 진짜 부모-자녀가 아니기에 갈등이 자라나지요. 어느 날 문득 동생은 혼자 있고 싶은 마음이 들어서 언니가 부르는 소리에도 아랑곳않고 꼭꼭 숨어버립니다. 동생은 언니를 사랑하고 의지하지만 너무나 큰 영향력 아래 지배당하는 것 또한 원치 않는 거예요. 동생을 애타게 찾던 언니는 엉엉 울음을 터뜨립니다. 언니도 똑같은 어린아이일 뿐이니까요. 다행히 이날의 사건을 계기로 언니 혼자 일방적

『언니와 동생』
샬롯 졸로토 글, 사카이 고마코 그림, 황유진 옮김, 북뱅크

으로 동생을 돌보는 게 아니라, 서로가 서로를 돌봐줄 수 있음을 깨달으며 둘의 관계는 새롭고 건강하게 정립된답니다.

싸우면서 큰다

작은 갈등의 에피소드를 겪으며 피터와 티치, 그리고 두 자매는 한층 성숙해졌습니다. 하지만 형제자매 사이의 갈등은 앞으로도 계속될 거예요. 이들은 성장기 내내 함께할 것이기 때문입니다. 다행히 대부분의 갈등은 아이들이 가진 서로 다른 욕구가 충돌한 결과로 대개 저절로 해결됩니다. 온종일 툭탁거리고 싸우지만 조금 있다 보면 같이 장난치고 먹고 잠들며, 그렇게 싸우면서 크지요.

문제는 이 갈등에 부모가 잘못 개입할 때 일어나요. 형제자매 관계는 두 아이의 양자 관계가 아니라 부모와 두 아이의 삼자 관계입니다. 부모가 어느 한 아이를 일방적으로 굴복시키거나, 비교하거나, 편애하는 방식으로 갈등을 다룰 때, 힘의 균형이 깨져버립니다. 경쟁심에 사로잡힌 아이들은 부모에게 동생만 예뻐한다고, 또는 형만 좋아한다고, 언니 편만 든다고 볼멘소리를 할 것입니다. 이런 상황이 반복적으로 일어나면 자칫 형제자매 관계가 심각하게 손상될 수 있어요. 그러니 형제자매 관계에서 가장 바람직한 부모 역할은 시소의 중심처럼 균형을 잡는 일입니다. 시소가 어느 한쪽으로 기울지 않고 신나게 오르락내리락할 수 있도록 말입니다.

앤서니 브라운의 또 다른 그림책 『터널』에 나오는 여동생 로즈와 오빠 잭은 그들이 서 있는 배경 속 꽃무늬 벽지와 벽돌담만큼이

『터널』
앤서니 브라운 글·그림,
장미란 옮김, 논장

나 달라도 너무 다릅니다. 로즈는 조용하고 감수성이 예민한 반면 잭은 활발하고 외향적이에요. 작가는 이들이 한 인물이 가진 두 측면을 대변한다고 얘기했지만, 비슷한 데가 하나도 없던 자신과 형을 토대로 한 이야기라고도 말했습니다. 저는 이 그림책이 보여주는 남매 관계에만 초점을 맞춰 읽어보도록 하겠습니다.

　로즈와 잭은 얼굴만 마주치면 티격태격 다투었고 보다 못한 엄마가 화를 내며 둘을 밖으로 내쫓았습니다. 하는 수 없이 함께 시간을 보내게 된 남매는 쓰레기장에서 수수께끼 같은 터널을 발견해요. 터널은 두 세상을 잇는 다리이자 또 다른 세상으로 향하는 출구라는 상징성을 가집니다. 잭은 성격 그대로 주저없이 터널로 들어가지요. 그런데 한참이 지나도 잭이 나오질 않자 로즈도 하는 수 없이 불안과 두려움을 삼키며 터널 안으로 들어갑니다. 로즈는 컴컴한 혼돈의 터널과 낯설고 무시무시한 숲을 지나서 마침내 잭을 발견합니다. 그러나 웬일인지 잭은 딱딱한 돌로 변해 있었어요. 로즈가 눈물을 흘리며 잭을 와락 끌어안으니 잭은 차츰 부드럽고

서로 달라서 싸움만 하던 남매가 터널의 끝에서 극적인 화해를 합니다. <u>으스스</u>하던 숲은 더이상 불안과 두려움의 공간이 아니라 따스한 성장의 장소가 되지요.

따스해지며 되살아납니다.

남매는 "컴컴하고, 축축하고, 미끈거리고, <u>으스스한</u>" 터널의 시간을 통과해 그들만의 방법으로 아름답게 화해했습니다. 부모가 일일이 가르쳐주지 않아도 아이들은 방법을 알고 있습니다. 그리고 길고 어두운 터널의 끝에는 언제나 눈부시게 환한 빛이 있음을 <u>스스로</u> 배울 수 있습니다.

건강한 가족의 조건

지금까지 아이의 성장 발달에 가장 큰 영향을 미치는 근접 환경인 부모 및 형제자매와의 관계에 대해서 각각 알아보았습니다. 그런데 이 관계들을 가족이라는 집단 내에서 한번에 들여다보면 훨씬 더 복잡해져요. 저마다 다른 역할과 개성과 욕구를 가진 구성원들이 서로 끊임없이 영향을 주고받기 때문입니다. 이렇게 한 가족 안에서 일어나는 복잡한 감정 교류와 상호작용을 '가족 역동'family dynamics이라고 부르며, 건강한 가족 역동은 아이의 발달에 꼭 필요한 환경이 됩니다.

『위대한 가족』의 표지에 등장하는 근엄한 포즈의 주인공들은 한 가족인데, 재미있게도 종이 제각각입니다. 그만큼 가족 구성원들은 저마다 개성이 강하고 저마다 위대하지요. 그러다 보니 서로 이해할 수 없는 틈이 벌어지며 벽이 생기기 시작했고, 이들이 쌓아 올린 벽은 점점 높아져서 제각기 견고한 성이 되었습니다. 자, 귀찮은 가족들 없이 위대한 자기 혼자 따로 살게 되었으니 이들은 행복할까요?

아니었습니다. 때로는 미워하고 다툴지언정 함께 웃고 이야기하고 마음을 나눌 가족이 없으니 공허합니다. 가족은 그저 한 공간을 공유하는 것 이상의 존재이니까요. 가족은 우리가 선택할 수도 없고 쉽게 버릴 수도 없습니다. 그러기에 세상 모든 가족들은 숱한 시행착오를 거치며 자신들만의 역동을 만듭니다. 결국 이 그림책

『위대한 가족』
윤진현 글·그림, 천개의바람

속 가족도 마음의 벽을 와르르 허물고 서로를 있는 그대로 인정하는 진짜 위대한 가족이 되지요.

건강한 가족 역동을 위해서 무엇보다 중요한 건 유연한 '분리'와 끈끈한 '연결'입니다. 가족 구성원 각자의 독립성과 자율성을 존중하며 서로 적절히 분리되어 있되, 마치 보이지 않는 끈을 붙잡고 있듯이 사랑과 애착이라는 정서적 유대감으로 다 함께 연결되어 있어야 합니다. 대치되는 이 두 가지가 균형을 이룰 때 가족 관계는 견고해지고 최적의 기능을 할 수 있습니다.

건강한 가족은 안정된 가족의 울타리 안에서 좋은 심리적 자산을 나눠가지기 때문에 위기에도 강합니다. 어른이든 아이든 저마다의 삶에는 뾰족 튀어나온 돌부리처럼 곳곳에 역경과 시련이 있으며, 그런 문제들에 어떻게 직면하느냐가 곧 삶의 성패를 좌우해요. 누군가는 주저앉아 무너져 내리고 누군가는 이겨내 다시금 의연하게 앞으로 나아갑니다. 이 차이를 만드는 마음의 힘이 '회복탄력성'resilience입니다. 몸이 에너지를 내려면 근육이 필요하듯 회복탄력성은 마음이 강한 힘을 발휘하기 위해서 필요한 마음 근육입니다.

회복탄력성은 개인이 가진 내적 자원과 외적 요인이 상호작용한 결과로 생겨납니다. 바람 빠진 공에 대해서 생각해볼까요? 이 공의 재질은 내적 자원입니다. 원래부터 말랑말랑 탄력적인 공도 있고, 딱딱한 공도 있어요. 탄성이 좋은 공은 바람이 조금 빠져도 그럭저럭 통통 튀어 오를 수 있습니다. 하지만 탄성이 좋지 못한 공은 바람이 빠지면 튀어 오르지 못합니다. 이때 두 공에 공기를 불어넣어 주면 다시금 원래의 탄력성을 회복할 수 있습니다. 공기가 바로 외적 요인입니다.

아이들의 회복탄력성에 영향을 미치는 내적 자원으로는 건강한 자존감과 자기조절 능력, 그리고 타인에게 공감하고 상호작용하는 대인관계 능력, 긍정 정서 등을 들 수 있습니다. 이 내적 자원이 적절하고 충분하게 발휘될 수 있도록 공기를 불어넣어주는 가장 중요한 외적 요인은 바로 부모와의 안정적인 애착, 가족과의 유대감입니다. 집은 아이가 아는 세상의 전부로, 스트레스와 갈등의 근원지이기도 하며 동시에 더 건강한 개인이 될 수 있도록 도움을 주는 곳이기도 한 것입니다.

『달 밝은 밤』의 전미화 작가가 『달려라 오토바이』에서는 아름답고 강한 가족의 모습을 그려냅니다. 표지를 보면 멋진 선글라스를 낀 아빠가 오토바이에 가족을 태우고 달립니다. 아빠 앞에는 한껏

『달려라 오토바이』
전미화 글·그림, 문학동네

신이 난 두 아이가, 아빠 뒤에는 꽃바지를 입고 당차게 아기띠를 맨 엄마가 타고 있지요. 비록 낡았지만 온 가족을 태우기에 부족함이 없는 오토바이는 일터로, 바다로, 막힘 없이 달립니다. 이 오토바이는 가족을 한데 이어주는 유대감을 상징하지요. 그런데 시원하게 달리던 오토바이가 멈춰 서고 덮개가 씌워지는 날이 찾아옵니다. 일을 구하지 못한 아빠가 아주 먼 곳으로 일을 하러 떠난 거예요. 가족은 서로 헤어진 채 앞날을 알 수 없는 캄캄한 날들을 묵묵히 살아냅니다.

마침내 아빠가 돌아옵니다. 덮개를 벗긴 오토바이는 여전히 반짝거리고 굳건하며, 다시 가족을 태우고 힘차게 달립니다. 가족은 그렇게, 그곳이 어딘지 알 수 없을지라도 씩씩하게 함께 달리는 사람들입니다. 달리다가 문득 돌아보면 행복이라는 무지갯빛 풍선이 춤을 추며 뒤따를 것입니다.

이 그림책 속 아빠는 비정규직 노동자입니다. 가난과 실직이 가족의 삶을 힘겹게 만들지만 그런 경제적 스트레스가 이 가족에게

가족의 삶에는 빛과 그림자가 공존합니다. 아빠의 실직으로
헤어져 살아야 했던 가족이 다시 만나 힘차게 달리는 모습에서
역경에 굴하지 않는 가족의 단단한 힘이 엿보입니다.

는 전혀 위험 요인이 되지 않았습니다. 가족의 건강한 역동과 따스하고 끈끈한 유대감이 가족 구성원 모두에게 회복탄력성, 즉 마음 근육을 만들어주었기 때문입니다. 앞서 언급했던 경제적 스트레스 같은 위험 요인에도 불구하고 아이들이 건강하게 발달할 수 있는 이유가 바로 이것입니다.

   가정과 가족이라는 근접 환경에 대한 이야기를 마치며 마지막으로 함께 보고 싶은 그림책이 있습니다.『커다란 포옹』이라는 제목의 자그만 그림책에는 특별한 가족이 등장해요. 주인공 아이는 노란 아빠 동그라미와 빨간 엄마 동그라미 사이에서 태어난 주황색 동그라미입니다. 아빠는 늘 커다란 포옹으로 엄마와 아이를 안아주었습니다.

『커다란 포옹』
제롬 뤼예 글·그림,
명혜권 옮김, 달그림

그런데 어느 날 갑자기 엄마 아빠는 더 이상 예전처럼 서로 사랑하지 않게 되었고, 아빠는 아이 곁을 떠납니다. 아이는 둘로 갈라진 느낌이 들었어요. 하지만 시간이 흘러 새로운 삶에 익숙해지고, 아이에게 파란색의 또 다른 아빠와 동생이 생깁니다. 그 아빠도 커다랗고 따스한 포옹으로 가족을 안아주었습니다. 이제 아이에게는 아빠가 둘이에요.

현실에서 하나의 가족이 해체되고 새로운 가족이 만들어지는 일이 이토록 단순 명쾌할 리는 없습니다. 작가는 얽히고설킨 관계와 감정과 사정들을 오직 기본색과 동그라미로 표현하면서, 현실이 아무리 복잡해도 가장 중요한 것만 생각하라고 말하고 싶은 게 아닐까요? 그건 바로 '사랑'입니다. 가족은 우리가 태어난 동그란 수정란처럼 우리의 시작이자, 저마다 동그란 행성과 같은 구성원들이 모인 우주입니다. 가족은 끝도, 모서리도 없는 품 안에 사랑의 힘으로 모두를 감싸 안을 수 있어야 합니다.

08
내 안에 타인을 담다

"타인에 대한 공감이라는
　불꽃 없이는 서로를 따스하게
　데울 수 없습니다. 공감은 더불어
　사는 삶을 가능하게 하고 삶의
　가치를 발견하게 하는 능력입니다."

내 안에 타인을 담다

마음 이론

아이가 부모와 집의 울타리를 벗어나 유아 교육 기관에 다니기 시작하면서부터는 또래와의 관계가 점점 더 중요해집니다. 맞벌이 부부의 증가, 핵가족화, 조기 교육의 확대와 같은 삶의 변화로 인해 취원 연령이 과거보다 낮아졌는데, 우리 아이들은 충분히 준비되어 있을까요? 코로나19를 겪으며 서로 얼굴 마주보며 이야기하고, 함께 놀고, 나누어 먹는 일이 금지된 시대를 사는 우리 아이들의 오늘과 미래가 걱정입니다.

아이들이 최초의 사회 생활에 성공적으로 적응하기 위해서는 새로운 차원의 능력이 필요합니다. 이를 테면 또래들과 잘 어울리는 데 필요한 사회성, 친사회적 행동을 하기 위해서 내면에 갖춰야 하는 공감력이나 배려심, 개인적 욕구를 조절하고 집단의 규율에 따르는 도덕성 등을 꼽을 수 있는데요, 우리가 흔히 '인성'character이라고 부르는 사고와 행동입니다.

인성의 기저에는 타인의 마음을 미루어 짐작할 줄 아는 꽤 복잡한 사회 인지 능력이 자리하고 있습니다. '선생님이 화난 것 같아' '친구가 날 일부러 넘어뜨린 게 아니라 실수였나 봐' 등등 우리는 저마다 타인의 마음을 읽어내는 이론을 가지고 있어요. 일상에서는 흔히들 '눈치'라고 말하기도 하지요. 부정적인 어감으로 쓰여서 그렇지 눈치의 첫 번째 사전적 정의는 '남의 마음을 그때그때 상황으로 미루어 알아내는 것'입니다. 자, 영유아들은 언제 남의 마음을 읽는 눈치가 자라날까요? 마음을 아는 게 어떻게 인성 발달에 영향을 미치는 걸까요?

누구에게나 마음이 있다

제3장 「더 넓은 세계와 소통하다: 언어 발달」에서 소개했던 재미있는 그림책 『로지의 산책』을 아이가 제대로 이해하기 위해서는 두 가지 전제가 필요합니다. 첫째, 여우의 추격을 모르는 로지의 마음을 알아야 합니다. 둘째, 로지를 잡아먹으려고 하는 여우의 마음을 알아야 하지요. 로지와 여우의 마음은 보이지도 않고 글로 써 있지도 않기에 오로지 둘의 행동을 보며 미루어 짐작해야 합니다.

보이지 않지만 마음은 누구에게나 있습니다. 나에게도 있고 타인에게도 있어요. 우리의 마음 안에는 믿음·바람·의도·욕구·감정 등이 자리하고 있습니다. 또, 마음은 눈에 보이는 표정이나 행동과 일치할 수도 있지만 전혀 다를 수도 있습니다. 예를 들어, 생일 선물이 마음에 들지 않아도 친구가 실망할까 봐 짐짓 기쁜 표정을 지을 수 있고, 용감한 척 행동하는 친구도 마음속으로는 겁내고 있을 수도 있지요.

마음 이론의 개념

이렇게 마음이라는 정신 상태가 여러 가지 방식으로 사람의 행동을 이끈다는 걸 이해하고, 이해한 정보를 통해서 다른 사람의 마음과 행동을 추론하며 예측하는 우리 안의 인지적 매커니즘을 통틀어서 '마음 이론'theory of mind이라고 합니다. '이론'이라고 하는 이유는 우리가 타인의 마음을 정확히 알 도리는 없기 때문입니다. 보이지 않는 타인의 마음을, 역시 보이지 않는 내 마음과 사고로 그려내야 하니 고도의 정신 과정이 아닐 수 없어요.

피아제는 아이들이 만 7세가 되어서 '구체적조작기'에 이르러야 자기중심적인 생각에서 벗어나 타인의 마음과 입장을 이해할 수 있다고 주장했습니다. 그러나 최근의 연구자들은 대략 만 2세경부터 서서히 마음 이론이 발달한다고 보고 있습니다. 유아들이 자기중심적으로 생각하면서도 동시에 남의 마음도 이해할 수 있다는 것입니다.

『숨바꼭질』의 주인공 소윤이는 엄마가 일어나라고 깨우자 숨바꼭질을 시작합니다. 문 뒤에도 숨고, 인형들 사이에도 숨고, 소파 옆에도 숨어요. 소윤이는 엄마가 "우리 딸 어디 갔을까?" 하며 찾으러 다니자 신이 납니다. 그런데 커튼 뒤에 숨은 소윤이가 아무리

『숨바꼭질』
이석구 글·그림, 한울림어린이

　기다려도 엄마 소리가 들리지 않습니다. 아무래도 엄마가 숨어버린 것 같습니다. 자, 이제 소윤이가 술래가 될 차례입니다. 소윤이는 두근대는 마음으로 엄마를 찾아 나서요.
　아마 소윤이 또래의 아이가 있는 집에서는 종종 벌어지는 풍경일 겁니다. 그런데 이 흔한 숨바꼭질에도 마음 이론이 필요해요. 이제 막 숨바꼭질을 익힌 아주 어린 아이라면 숨는 것 자체를 좋아해서 허둥지둥 아무데나 숨는 행동을 하겠지만, 만 3~4세로 보이는 소윤이라면 꼭꼭 잘 숨기 위해서 '엄마가 여기는 금세 찾겠지? 아하, 여기는 못볼 걸' 하며 엄마의 마음을 짐작하려고 할 것입니다. 반대로 엄마가 숨은 곳을 알아내기 위해서 '우리 엄마라면 어디에 숨을까?' 하며 엄마 마음을 읽으려고 애쓸 거예요.
　존 클라센(Jon Klassen)의 베스트셀러 그림책 『이건 내 모자가 아니야』의 화자는 깜찍한 파란 모자를 쓴 작은 물고기입니다. 이 물고기의 흥미진진한 내레이션을 통해서도 마음 이론의 여러 측면들을 좀더 살펴볼 수가 있습니다. 작은 물고기가 말합니다.

"이건 내 모자가 아니야. 그냥 몰래 가져온 거야."
"커다란 물고기한테서 슬쩍한 거야. 모자를 가져가는 줄도 모르고 쿨쿨 잠만 자던데?"

이 텍스트에서 독자는 작은 물고기의 마음 상태 중 한 부분을 알 수 있어요. 작은 물고기에게는 커다란 물고기의 모자를 갖고 싶은 '욕구'가 있습니다.

작은 물고기는 커다란 물고기가 오랫동안 잠에서 안 깰 거고, 깨더라도 모자가 사라진 걸 알지 못할 거고, 알더라도 자기가 가져간 건 모를 거라며 커다란 물고기의 마음을 추측해서 말합니다. 여기서 독자는 커다란 물고기에게 들키고 싶지 않은 작은 물고기의 '바람'과 커다란 물고기가 눈치채지 못할 거라고 여기는 '믿음'도 알 수 있습니다.

『이건 내 모자가 아니야』
존 클라센 글·그림,
서남희 옮김, 시공주니어

이 그림책의 글과 그림은 서로 불일치합니다. 독자는 귀에
들리는 것과 눈에 보이는 것 사이의 틈새를
더욱 적극적으로 읽어내며 작은 물고기와 큰 물고기의
마음을 알기 위해 노력하지요.

 하지만 작은 물고기의 믿음은 사실과 다른 '틀린 믿음'이었어요. 그림 속 커다란 물고기는 눈동자의 다양한 움직임으로 자신이 모든 걸 알고 있음을 보여줍니다. 아이들이 이 그림책을 재미있어 하는 이유가 바로 이 틀린 믿음에서 비롯됩니다. 글과 불일치하는 그림을 통해서 작은 물고기의 믿음이 번번이 틀리다는 걸 곧바로 알 수 있기에 킥킥 웃음이 나는 것입니다.

 작은 물고기는 틀린 믿음에 따라 위험을 과소평가하는 바람에 모자를 훔쳤고, 그 모자는 오히려 자신에게 딱 맞는다고 합리화하며 모자를 가지겠다는 '의도'를 분명히 드러냅니다. 그러고는 물풀이 빽빽하게 우거진 곳으로 숨어들지요. 작은 물고기를 쫓아 커다란 물고기도 유유히 따라 들어가는데, 독자들은 커다란 물고기의 '의도'를 저마다 추측해볼 수 있을 것입니다. 이처럼 『이건 내 모자가 아니야』를 충분히 즐기기 위해서는 그림을 읽는 시각적 문해력 뿐만 아니라, 작은 물고기의 마음과 커다란 물고기의 마음을 다각도로 읽어낼 수 있는 마음 이론이 필요합니다.

마음 이론의 발달

그렇다면 마음 이론은 어떻게 발달하는 걸까요? 우선, 마음 이론이 발달하기 위해서는 주의·기억 등의 인지 발달과 언어 발달이 선행되어야 합니다. 그것을 토대로 타고난 생물학적 기제와 경험과 환경이 마음 이론의 발달을 이끌지요. 마음 이론을 담당하는 뇌 영역이 아직 명확히 밝혀지지는 않았는데, 학자들은 그 영역에 선천적이고 극단적인 결함이 있는 경우 자폐 스펙트럼 장애처럼 타인의 마음을 전혀 이해하지 못하게 된다고 설명합니다. 경험과 환경을 더욱 중시하는 학자들은 아이가 아주 어릴 적부터 원하고, 바라고, 느끼는 것에 대해서 부모와 이야기해본 경험을 바탕으로 타인의 마음을 해석하게 된다고 말합니다.

마음 이론의 발달 기제는 좀더 연구되어야 하지만, 마음 이론이 사회적 삶을 성공적으로 시작하게 해준다는 사실만은 분명합니다. 유아를 대상으로 한 여러 연구에 따르면, 마음 이론이 잘 발달한 아이들은 친구들과 의사소통을 잘하고, 협조적이고, 장난감도 잘 나눠 쓰는 등 더 많은 친사회적 행동을 했습니다. 반면 마음 이론이 덜 발달한 아이들은 친구들의 놀이에 참여하기보다는 혼자 시간을 보내며 공격적인 말이나 행동을 더 많이 하는 것으로 나타났습니다. 어른들이 내 마음을 알아주는 친구를 선호하듯 아이들도 마음 이론이 발달한 친구를 놀이 친구로 선택해 더 많은 상호작용을 하며, 그 과정에서 마치 빈익빈 부익부처럼 마음 이론이 발달한 아이들은 더욱 발달하고, 마음 이론이 발달하지 못한 아이들은 발달의 기회가 더욱 적어지는 것입니다.

『알사탕』의 주인공 동동이는 혼자 노는 아이입니다. 동동이는 새 구슬을 사러 문방구에 갔다가 구슬 대신 색깔도 크기도 가지가지인 알사탕을 샀지요. 그런데 이 알사탕이 보통 알사탕이 아니지 뭐예요! 박하향이 진한 체크무늬 알사탕을 입에 넣자, 갑자기 소파가 구시렁구시렁하는 말이 들립니다. 점박이 사탕을 먹자, 강아지 구슬이와 대화를 할 수 있게 되고, 잔소리쟁이 아빠처럼 까칠한 사탕을 물자, 설거지하는 아빠의 등 뒤로 잔소리 대신 "사랑해, 사랑해, 사랑해"라는 목소리가 들려와요. 그리고 속에 풍선껌이 든 분홍 알사탕을 먹으니, 너무나 그리운 돌아가신 할머니의 안부를 듣

『알사탕』
백희나 글·그림, 책읽는곰

게 됩니다.

어쩌면 동동이는 오랫동안 쌓여온 깊은 외로움 때문에 타인의 마음을 읽고자 하는 노력을 멈춘 건 아니었을까요? 가족의 속마음을 들으며 진심을 알게 된 동동이는 비로소 세상에 마음을 열 준비를 합니다. 알사탕은 동동이와 세상 사이의 보이지 않는 담을 그렇게 허물어주었습니다.

마음 이론은 유아기에 꼭 성취해야 하는 발달 과업이지만 사실 수 세기나 한글만큼 중요하게 다뤄지지 않습니다. 현실에는 마법의 알사탕도 없는데 보이지 않는 마음에 대해서 아이에게 어떻게 가르칠 수 있을까요? 내 마음을 보여주는 것도, 다른 사람의 마음을 이해하는 것도 언어를 통해서만 가능해요. 그러니 부모가 마음에 대해 아이와 적극적으로 '대화'하는 것이 무엇보다 중요합니다. 일상에서 부모의 마음에 대해서 더 자주, 더 구체적으로 이야기해주고, 아이의 마음에 대해서도 더 많이 물어봐주세요. 더불어 일상의 경험은 한계가 있으니 그림책의 도움을 얻어보세요.

그림책 속의 이야기에는 등장인물들의 마음 현상, 즉 바람·정서·믿음·욕구·의도 등이 잘 드러나 있습니다. 그림책을 보며 여러 인물들의 마음을 예측해보고 이야기 나눔으로써 아이는 자기중심적 사고에서 벗어나 탈중심화 타인의 마음을 짐작해볼 수 있어요. 또 등장인물들의 다양하고 풍부한 감정을 함께 느낄 수 있고, 그들이 직면한 문제 해결 과정을 간접경험하며 타인에 대한 이해의 폭을 넓힐 수 있답니다.

사회성의 척도, 또래 관계

마음 이론의 발달은 아이가 본격적인 사회 생활을 시작하면서부터 또래 관계와 사회성의 발달로 이어집니다. 부모와의 관계가 무조건적인 지지 관계라면 또래와의 관계는 다른 사회적 관계들처럼 '조건적'입니다. 받았으면 주어야 하고, 받고 싶으면 먼저 줄 수도 있어야 하지요. 아이가 그동안 고집했던 자기중심성을 버리지 않으면 이 새로운 관계에 잘 적응할 수 없습니다. 또한 부모와의 관계가 위계적이고 수직적이라면 또래와의 관계는 '동등하며 수평적'이에요. 이제 문제가 생겨도 부모한테 했듯이 의존할 수 없기에 그에 필요한 새로운 역할과 사회적 기술을 익혀야 합니다.

또래 관계의 발달 과정

아이들이 '친구'에게 본격적으로 관심을 갖기 시작하는 것은 만 2세 무렵입니다. 또래 아이에게 다가가 장난감이나 좋아하는 물건을 건네주며 친밀감을 표현하고, 울고 있는 아이에게 관심을 기울이며 공감을 드러내기도 하지요. 만 3~4세에 이르면 충분한 언어적 상호작용이 가능하므로 또래에게 말을 걸어 관심을 전하고, 빈번한 접촉과 놀이를 통해서 단순히 '아는 친구'에서 '내 친구'로 발전하게 됩니다. 물론 시시때때로 툭닥거리며 싸우기도 잘하고요. 이 시기의 상호작용에서 가장 눈에 띄는 것은 서로 행동이나 놀이를 따라 하는 '모방'입니다.

『따라쟁이 친구들』은 또래 모방 행동을 소재로 하는 그림책이에요. 고양이 벨라는 애나를 좋아한 나머지 애나가 하는 건 뭐든지 따라 합니다. 발레도 따라 하고, 훌라후프도 따라 하고, 해적 흉내도 따라 하지요. 그런데 공주놀이를 따라 하려고 했을 때 공주가 쓸 왕관이 하나뿐이라 그만 둘 사이에 갈등이 생겨요. 애나는 화를 내며 가버리고, 벨라는 하는 수 없이 혼자 줄넘기를 합니다. 그런 벨라에게 새로운 고양이 클로이가 다가오더니 줄넘기를 따라 합니다. 그사이 심심해진 애나가 줄넘기를 하는 벨라와 클로이를 보아요. 이번에는 애나가 화냈던 것도 잊고 친구들의 줄넘기를 따라 합니다.

이 단순한 이야기 속에서 또래 모방 행동의 중요한 의미를 엿볼 수 있습니다. 따라쟁이 친구들의 행동에는 친구에 대한 호감이 있고, 함께하고픈 사회적 욕구가 있고, 서로가 서로에게 배우는 자연

『따라쟁이 친구들』
알리 파이 글·그림. 석호주 옮김. 사파리

스러운 학습의 과정이 담겨 있습니다.

만 5~6세 쯤이면 아이들은 부모보다 또래와 더 놀고 싶어 하고, 부쩍 자신과 또래를 비교 평가하며, 또래에게 인정받고 싶은 마음이 커집니다. 점점 또래의 눈을 통해 세상을 보고 배우기 시작하지요. 특히 강한 애착을 형성한 '친한 친구들'이나 '단짝'도 생기는데, 바로 '우정'friendship의 초기 모습이 나타나는 거예요.

우정은 일반적인 또래 관계와는 다릅니다. 그냥 아는 친구, 좋은 친구를 넘어서 서로가 서로를 선택한 자발적이고 지속적인 관계라는 특징이 있어요. 초기의 친구 관계가 장난감을 나누고, 놀이를 같이하는 등의 물리적 요소를 바탕으로 한다면, 우정은 서로 감정을 공유하고, 도움을 주고받고, 생각과 비밀을 교류하기에 훨씬 더 심리적 요소를 바탕으로 합니다. 그러니 또래 관계가 우정으로 발전하기 위해서는 역시나 마음 이론의 발달이 중요합니다.

우정을 나누기 시작한 아이들은 더 많은 시간을 함께하며 상호작용합니다. 친사회적인 상호작용뿐만 아니라 갈등까지 빈번히 경험하면서 자연스럽게 사회성과 성격이 발달해요. 또 견고하게 지속되는 우정 관계는 아이들에게 안정감과 소속감을 줍니다. 친한 친구에게 받는 인정과 애정, 그리고 믿음은 아이로 하여금 자신에 대해 긍정적인 자아 개념을 가지게 합니다. 이처럼 또래의 영향력은 연령이 증가할수록 더욱더 커집니다.

또래 유능성

또래 관계 발달 과정을 물 흐르듯 잘 통과하는 아이들은 또래와 성공적으로 관계를 맺고 유지하는 능력인 '또래 유능성'peer-competence이 높다고 말할 수 있습니다. 또래 유능성을 명확히 이해하려면 세 가지 하위 요인사교성·친사회성·주도성을 살펴보면 됩니다.

첫째, '사교성'은 또래와 쉽게 어울리고 관계 맺는 능력입니다. 사교성이 좋은 아이일수록 여러 또래들과 고루고루 친하게 지냅니다. 또래들도 같이 놀고 싶어 하기에 흔히 말하는 인기 있는 아이가 되지요. 둘째, '친사회성'은 나누고, 양보하고, 타협하고, 협동하고, 도와주고, 배려하는 등 긍정적으로 상호작용하는 기술을 말합니다. 그러므로 친사회성이 높은 아이는 또래의 마음에 민감하고 그 입장에서 생각하고 느낄 수 있는 마음 이론이 잘 발달한 아이라고 할 수 있습니다. 이들은 또래뿐만 아니라 교사와도 좋은 관계를 맺고 기관에도 더 잘 적응합니다. 셋째, '주도성'은 놀이와 활동을 능동적으로 제안하고 주도하며 자기 생각을 효과적으로 전달하는 능력입니다. 주도성이 있는 아이는 또래 집단에서 리더가 되고 문제와 갈등을 해결하려고 노력합니다.

『괜찮아, 천천히 도마뱀』은 따스하고 포근한 느낌의 그림만큼이나 다정한 이야기입니다. 주인공 '천천히 노마뱀'은 자신이 느릿느릿 천천히 지내기에 친구를 도와줄 시간이 많다고 말합니다. 그러면서 불안해하는 작은 새를 다독이기 위해 함께 꽃차를 마시고, 화를 잘 내는 코끼리가 마음을 가라앉히도록 돕고, 경주에서 진 토끼

『괜찮아, 천천히 도마뱀』
윤여림 글, 김지안 그림,
웅진주니어

를 위로하며, 짖궂은 원숭이가 친구들을 화나게 하기 전에 중재하기도 합니다. 친구들은 그런 천천히 도마뱀을 무척 좋아하지요.

천천히 도마뱀은 친구들과 두루 친하게 지내고 사랑과 인정을 받기에 사교성이 높습니다. 친구들의 마음 위에 자신의 마음을 포개어 이해하고 배려하는 친사회성도 뛰어나요. 그리고 친구들을 돕고 문제를 해결하기 위해 늘 주도성을 발휘합니다. 천천히 도마뱀은 또래 유능성이 아주 높다고 말할 수 있습니다. 아마 누구라도 천천히 도마뱀과 친구가 되고 싶을 거예요.

이렇게 또래 유능성이 높은 아이들이 있는가 하면, 또래 앞에서 위축되거나 또래 집단에서 좀처럼 어울리지 못하는 아이들, 또는 공격적이고 부적절한 행동을 하는 아이들도 있습니다. 또래 유능성이 낮은 아이들은 또래에게 거부당하기 쉽고 낮은 자존감과 적응 문제를 가질 수 있어요. 부모들은 내 아이의 또래 유능성에 관심을 가지고 또래 속에서 아이 모습을 유심히 관찰하면서 부족한 부분이 있다면 세심한 도움을 주어야 합니다.

그럼 또래 유능성이 낮은 아이들에게 가장 필요한 것은 무엇일까요? 바로 더 많은 '놀이 경험'입니다. 또래와 놀면서 다양한 상호작용을 해보고, 또래의 행동을 모방도 해보고, 시행착오를 통해서 자신에게 필요한 것을 스스로 배워나가야 합니다. 하지만 안타깝게도 또래 유능성이 낮기에 놀이 경험이 적어지고, 놀이 경험이 적기에 또래 관계에 필요한 기술들을 배울 기회가 더욱 없어져요.

아이에게 놀이 경험을 만들어주고 싶어도 요즘 놀이터에 모여 노는 유아들을 만나는 건 쉽지 않습니다. 그럴 때는 지인의 아이나 이웃의 아이들을 자주 집으로 초대해서 작은 놀이 집단을 만들어주고, 아이가 놀이 규칙을 잘 알고 그것을 따르는지, 친구들을 배려하는지, 친구들에게 좋은 인상을 주는지 등을 살핍니다. 그리고 반드시 놀이를 방해하지 않는 선에서 틈틈이 아이 옆에서 질문하고 대화하며 코칭해주세요. 높은 계단을 오르려고 안간힘을 쓰는 아이의 발끝에 살그머니 손을 대어 받쳐주는 것, 부모의 도움은 그래야 한다고 생각합니다.

또래 갈등 다루기

또래 관계를 맺다 보면 서로의 생각과 요구가 충돌하며 어쩔 수 없이 갈등도 일어납니다. 유아 교육 기관에 다니는 아이들 사이에 가장 빈번하게 일어나는 갈등은 장난감 같은 물건을 서로 차지하려는 행동이고, 그 외에 순서 지키기와 같은 규칙을 어기는 것, 방해 행동, 때리거나 미는 신체적 충돌, 약 올리거나 놀리는 심리적 괴롭힘 등이 있습니다.

갈등은 나쁜 것일까요? 갈등 자체는 부정적인 것이 아닙니다. 프로이트와 에릭슨은 유아기에 또래와의 자연스러운 상호작용 과정에서 경험하는 갈등이 성격과 자아 발달에 꼭 필요하다고 말했고, 피아제는 그것이 지적·도덕적 발달을 증진시킨다고 했습니다. 아이들은 갈등 상황을 통해서 자기조절력을 키우고 상대의 입장과 감정을 생각하는 마음 이론과 문제 해결 기술을 배울 수 있습니다.

『웬델과 주말을 보낸다고요?』를 보면 조용한 아이 소피네 집에 주말 동안 장난꾸러기 웬델이 방문합니다. 에너지 넘치는 웬델은 제멋대로 온갖 놀이를 벌이며 소피더러 자신이 시키는대로 하라고 해요. 소피를 놀라게 하고, 소피의 물건을 함부로 쓰고, 소피가 싫어하는 장난도 치고요. 소피는 화를 꾹꾹 참으며 엄마 아빠에게 웬델은 언제 가냐고 작은 소리로 물을 뿐입니다.

결국 인내심이 한계에 이른 소피는 갈등을 해결할 방법을 스스로 찾아냅니다. 소피는 웬델을 때리지도, 부모에게 울며 호소하지

『웬델과 주말을 보낸다고요?』
케빈 헹크스 글·그림,
이경혜 옮김, 비룡소

도 않아요. 대신 소피는 웬델의 마음을 읽고 웬델이 좋아할 만한 놀이를 먼저 제안한 뒤 놀이를 하는 동안 속시원하게 복수를 하지요. 그런데 복수를 위한 놀이가 너무 재미있어지는 바람에 그날부터 소피와 웬델은 진짜 친구가 된답니다. 만약 소피의 부모가 개입했다면 둘은 친구가 될 수 있었을까요? 분명 결말이 달라졌을 겁니다.

또래 갈등의 해결 방법은 다양합니다. 화나 불만족을 겉으로 드러내며 공격적인 말과 행동을 하는 것은 가장 부정적인 방법입니다. 불만족스럽지만 일단 물러나거나 어른에게 이야기해서 도움을 구하는 방법도 있습니다. 대화와 타협을 시도하거나, 통큰 양보로 해결할 수도 있고, 소피처럼 기지를 발휘할 수도 있지요.

물론 처음에는 경험도 기술도 부족하기에 갈등을 어떻게 해결해야 하는지, 갈등 상황에서 감정을 어떻게 다루어야 하는지 미숙할 것입니다. 그럴 때도 그림책을 통한 간접경험이 도움을 줄 수 있어요. 그림책은 다양한 갈등 상황을 아이들의 눈높이에 맞게 단순화해서 보여주고, 등장인물이 사용하는 갈등 해결 전략을 강조해서 드러내기도 합니다. 아이들은 등장인물과 자신을 동일시하며 갈등 해결에 필요한 바람직한 방법들을 배울 수 있을 뿐만 아니라 비슷한 갈등을 겪은 사람이 나 혼자만이 아니라는 사실에 위로와 안정을 얻을 수 있습니다.

갈등은 좌절할 문제도, 회피할 난관도 아닌 끈기 있게 풀어가야 할 과제입니다. 아이가 스스로 갈등을 해결해보는 경험을 하나씩 축적하면, 앞으로 겪게 될 삶의 여러 문제들 앞에서 크나큰 자신감을 가질 수 있을 것입니다.

또래 괴롭힘 다루기

'또래 괴롭힘'bullying은 단순한 갈등과는 전혀 다른 차원의 문제입니다. 따돌림·왕따·괴롭힘은 아동기나 청소년기에나 일어난다고 생각할 수 있는데, 국내 여러 연구를 살펴보면 만 4~6세 사이의 유아 과반수가 함께 놀이하는 무리에 끼워주지 않는 따돌림·놀림·욕설·때리기·빼앗기·위협하기 등의 또래 괴롭힘을 당한 경험이 있는 것으로 나타납니다. 분명 아동기나 청소년기보다 폭력성의 수준은 낮지만, 인성 발달의 결정적 시기에 겪은 부정적 경험을 결코 가볍게 생각해서는 안 됩니다.

이런 피해를 경험한 아이들은 두려움·외로움·열등감·좌절감·적대감 등을 보이고, 대인 관계에 불신을 가지게 됩니다. 단순한 다툼이나 갈등이 아닌 지속적인 또래 괴롭힘의 시그널이 감지된다면 부모와 교사가 긴밀하고 적극적으로 협력할 필요가 있으며, 더 중요한 것은 가정과 기관에서 충분한 예방 교육을 해야 한다는 것입니다.

『깃털 없는 기러기 보르카』는 존 버닝햄John Burningham의 데뷔작입니다. 제목처럼 기러기 보르카는 깃털 없이 태어나요. 남다른 외모 때문에 보르카는 놀림과 괴롭힘을 당하지요. 날이 추워지자 기러기 무리는 보르카만 남겨 두고 따뜻한 곳으로 떠납니다. 홀로 남

『깃털 없는 기러기 보르카』
존 버닝햄 글·그림,
엄혜숙 옮김, 비룡소

겨진 보르카는 좌절하지 않고 스스로의 힘으로 먼 여행을 시작하며, 그곳에서 자신을 있는 그대로의 모습으로 사랑하고 인정하는 새로운 친구들을 만납니다.

어른들은 아이의 또래들을 가리켜 습관적으로 '친구'라고 말합니다. 하지만 놀이터에서 노는 또래 아이들, 같은 유치원에 다니는 아이들이 모두 친구일 수는 없어요. 그중에 아이와 마음이 잘 통하는 또래가 친구가 되는 것입니다. 이 그림책을 통해서 아이들에게 나와 다르다는 이유로 또래를 괴롭히고 따돌리는 건 부당하고 나쁜 일임을 분명히 이야기해줄 수 있습니다. 또 누군가 나를 괴롭히고 따돌린다면 결코 친구일 수 없고, 나를 환영할 진짜 친구들이 어딘가에 반드시 있다는 희망의 메시지도 전합니다.

어린이책 작가이자 임상 심리학자이기도 한 필리스 레이놀즈 네일러Phyllis Reynolds Naylor가 쓴 그림책 『놀이터의 왕』에서 주인공 케빈은 놀이터를 독차지한 새미에게 날마다 협박을 당합니다. 어느

『놀이터의 왕』
필리스 레이놀즈 네일러 글,
놀라 랭그러 멀론 그림,
이옥용 옮김, 보물창고

날 놀이터에서 너무 일찍 돌아온 케빈에게 아빠가 이유를 묻자 케빈이 대답하지요.

"내가 미끄럼을 타면 새미가 밧줄로 꽁꽁 묶어 놓겠대요. 손발을 모두 묶을 거래요."

자, 이건 분명히 또래 괴롭힘인데, 부모는 어떻게 대처해야 할까요? 케빈의 아빠는 흥분해서 새미네 집으로 달려가는 대신에 우선은 좀 색다른 시도를 합니다.

"넌 어떻게 할 건데? 그냥 가만히 있을 거니?"

이렇게 아이 스스로 상대의 논리에서 문제점을 생각하고 해결 방법을 찾도록 질문을 해요.

"막 발길질을 할 거예요!"

케빈이 용기백배하여 대답합니다. 아빠는 그 뒤로도 케빈이 협박을 받고 돌아올 때마다 케빈의 두려움을 객관화해줌으로써 새미 앞에서 겁에 질려 있을 때는 미처 생각하지 못한 점들을 생각할 수 있도록 도와줍니다. 마음속에서 점점 용기가 자라난 케빈은 마침내 배트맨 팬티와 스파이더맨 티셔츠를 입고 놀이터에 나가서 새미의 갖은 협박에도 주눅 들지 않고 씩씩하게 응수한답니다.

이 그림책은 또래 괴롭힘을 당하는 아이에게 자신감과 긍정 심리를 회복시켜 줍니다. 그러면서 가해 아이에게 더욱더 당당하게 대항해야 한다고 응원해주지요. 또 어른들에게는 섣불리 어른 세계의 감정과 선입견을 개입시키지 말아야 하며 무엇보다 피해와 가해 아이 모두의 관점에서 문제를 보고 신중하게 접근해야 함을 말해줍니다.

그런데 새미처럼 또래를 괴롭히는 아이들은 마음 이론이 발달하지 못한 것일까요? 그럴 수도 있지만, 최근의 연구들에 따르면 오히려 마음 이론이 발달해서 타인의 마음을 쉽게 이해하는 아이들이 자신의 이익을 위해서 타인의 생각과 행동을 조종하고 이용할 수도 있다고 합니다. 동전의 양면처럼 마음 이론의 발달도 긍정적인 면만 있는 게 아니며, 어떤 아이들은 어떻게 해야 상대가 고통을 느낄지를 잘 알아서 그걸로 괴롭히기도 하는 것입니다. 그럼 마음 이론이 이후 긍정적이고 친사회적 행동으로 발전하려면 무엇이 필요할까요? 바로 공감력·도덕성·양심 등이 함께 발달할 때 마음이론과 서로 상호작용하여 부정적 행동이 억제됩니다.

더불어 사는 삶을 위하여

마음 이론이 타인의 마음 상태를 인지적으로 이해하고 추론하는 것이라면, 공감empathy은 타인의 감정을 마치 내가 그 사람이 된 듯이 타인의 처지에서 '역지사지'하고 '감정이입'해 함께 느끼는 것입니다. 마음 이론과 공감 모두 나보다 타인에게 관심을 두는 탈중심화를 전제로 하기에 비슷하게도 느껴지지만, 마음 이론은 '기능'의 측면이, 공감은 '태도'의 측면이 더 두드러집니다.

공감의 힘

공감과 도덕성 발달을 연구한 심리학자 마틴 호프만Martin Hoffman 은, 공감을 "타인에 대한 관심의 불꽃이자 사회적 삶을 가능하게 해주는 접착제"라고 표현했습니다. 이 비유가 뜻하는 것은, 타인에 대한 공감이라는 불꽃 없이는 서로를 따스하게 데울 수 없으며 공감이라는 접착제 없이는 타인에게 더 가까이 다가갈 수 없기에, 공감이야말로 더불어 사는 삶을 가능하게 하고 삶의 가치를 발견하게 하는 능력이라는 것입니다. 이런 공감 능력을 토대로 도덕성이 자라나며, 친사회적 행동들이 발달하고, 반사회적 행동이 억제됩니다.

『로쿠베, 조금만 기다려』
하이타니 겐지로 글, 초 신타 그림,
햇살과나무꾼 옮김, 양철북

　『로쿠베, 조금만 기다려』의 첫 장면에는 깊고 캄캄한 구덩이를 들여다보는 아이들이 등장합니다. 그 안에 강아지 로쿠베가 빠진 거예요. 아이들의 얼굴에 걱정과 불안, 안타까움이 가득합니다. 로쿠베를 안심시키기 위해서 힘내라고 소리치면서도 딱히 구할 방법이 없기에 큰일났다고 발을 동동 구릅니다. 아이들은 마음 이론으로 로쿠베의 마음이 어떨지 추측하고, 로쿠베의 감정을 그대로 느끼며 '공감'하는 것입니다. 아이들과 달리 어른들은 혀를 끌끌 차면서도 어쩔 수 없는 일이라고만 말합니다. 아이들은 그런 어른들을 비겁하다고 생각해요. 진심으로 공감한 고통에서 어떻게 고개를 돌릴 수 있나요? 아이들은 짖지도 않고 웅크리고민 있는 로쿠베에게 힘을 북돋아주기 위해 노래를 부르고 구덩이에 비눗방울도 후후 불어줍니다. 큰일났다고 걱정하던 아이들이 이제는 어떡하냐며 울먹입니다.

로쿠베를 구하기 위해 서로 힘을 모아 최선을
다하는 아이들의 모습에서 공감의 힘이 느껴집니다.
공감은 이렇게 선한 행동의 밑거름이 되지요.

그때 한 아이가 로쿠베의 여자 친구인 쿠키를 바구니에 태워서 내려보내면 로쿠베가 훌쩍 올라탈 거라고 아이디어를 내놓고, 아이들은 쿠키를 태운 바구니를 살살 살살 구덩이 아래로 내려보내요. "살살 살살"이라는 말에, 어쩌면 쿠키마저 위험에 빠뜨릴 수 있다는 걸 알고 있는 아이들의 간절함이 그대로 묻어납니다. 그렇게 우여곡절 끝에 아이들은 로쿠베를 구출합니다. 이 그림책은 공감에 대해서 이야기할 뿐 아니라 공감이 바르고 선한 행동으로 이어지는 것을 아주 잘 보여줍니다.

『로쿠베, 조금만 기다려』의 저자 하이타니 겐지로灰谷健次郎는 자신의 장편 소설 『태양의 아이』에서도 공감에 대해 이야기합니다. 그는 인간이 동물과 다른 점은 타인의 아픔을 자기 아픔처럼 느낄 수 있다는 것이며, 그래서 좋은 사람일수록 더 아프고 고통스러울지 모른다고 말합니다. "좋은 사람은 자기 안에 남을 살게 하는 사람"이니까요. 공감에 대해 그 이상의 설명이 또 있을까요?

유아의 공감 능력은 타고난 기질적 요인도 있고, 생의 초기 부모와의 관계와 같은 환경적 영향도 받습니다. 민감하고 반응적인 부모와 친밀한 상호작용을 하며 애착과 신뢰를 쌓은 아이가 타인에게 잘 공감할 줄 아는 아이로 성장하는 것이지요.

조카들이 돌도 안 된 아기 적에 종종 하던 장난이 있습니다. 제가 훌쩍훌쩍 우는 척을 하면 가만히 보고 있던 조카가 점점 입을 삐죽거리다가 '으앙' 하고 울음을 터뜨려요. 그 모습이 너무 사랑스러워서 아이 엄마 모르게 울려 보곤 했습니다. 제 조카들의 그 울음은 공감의 울음이었을까요? 아니요, 조금 다릅니다. 초기에는 상대방의 감정에 동조해서 우는 게 아니라 자기도 모르게 반응하는 거예요. 앞서 '거울 뉴런'으로 설명한 바 있습니다.

진정한 공감은 마음 이론이 발달하며 타인의 입장이 되어 볼 수 있을 때 자라나기 시작합니다. 대략 만 4세 경이면 타인이 표현하는 감정이 어떤 것인지 추론하고 그 감정 안에 있는 마음을 이해하며 똑같은 감정을 느낄 수 있어요. 그리고 마음 이론이 발달할수록 공감도 더욱 발달해 타인의 감정뿐 아니라 삶의 처지에 대해서도 공감할 수 있게 됩니다.

시 그림책 『영이의 비닐우산』에서 주룩주룩 비가 내리는 날 학교에 가던 영이는 비를 맞으며 담벼락에 기대어 잠든 거지 할아버지를 봅니다. 짓궂은 아이들은 할아버지 어깨를 툭 건드려보고, 문방구 아주머니는 아침부터 재수 없다며 빗줄기보다 거세게 욕을 퍼부어요. 아마도 그때 영이는 할아버지가 얼마나 추울지, 장난과

「영이의 비닐우산」
윤동재 시. 김재홍 그림, 창비

욕설에 얼마나 수치스럽고 마음이 아플지 생각하지 않았을까요? 아침 자습을 마친 영이는 몰래 교문 밖으로 나와 할아버지에게 비닐우산을 씌워줍니다. 할아버지의 딱한 처지에 대한 영이의 공감이 그렇게 아름다운 행동으로 나타난 것이지요.

정진호 작가의 그림책 『위를 봐요!』의 매 오른쪽 페이지에는 아래를 내려다보는 아이의 가르마 탄 머리와 창틀을 꼭 쥔 손이 보이고, 왼쪽 페이지에는 거리를 지나가는 사람들의 머리가 개미처럼 보입니다. 독자는 아이보다 더 위쪽에서 아래를 내려다보는 시선으로 그림책을 보게 되지요. 사고로 다리를 잃은 아이 수지는 언제나 창가에서 흑백 세상을 묵묵히 지켜볼 뿐입니다.

그렇게 세상과 단절되어 있던 어느 날 수지는 지나가는 사람에게 제발 위를 보라고, 자기가 여기 있다고 마음속으로 외치는데, 마치 그 외침을 듣기나 한 것처럼 한 아이가 위를 올려다보네요. 아

『위를 봐요!』
정진호 글·그림, 현암주니어

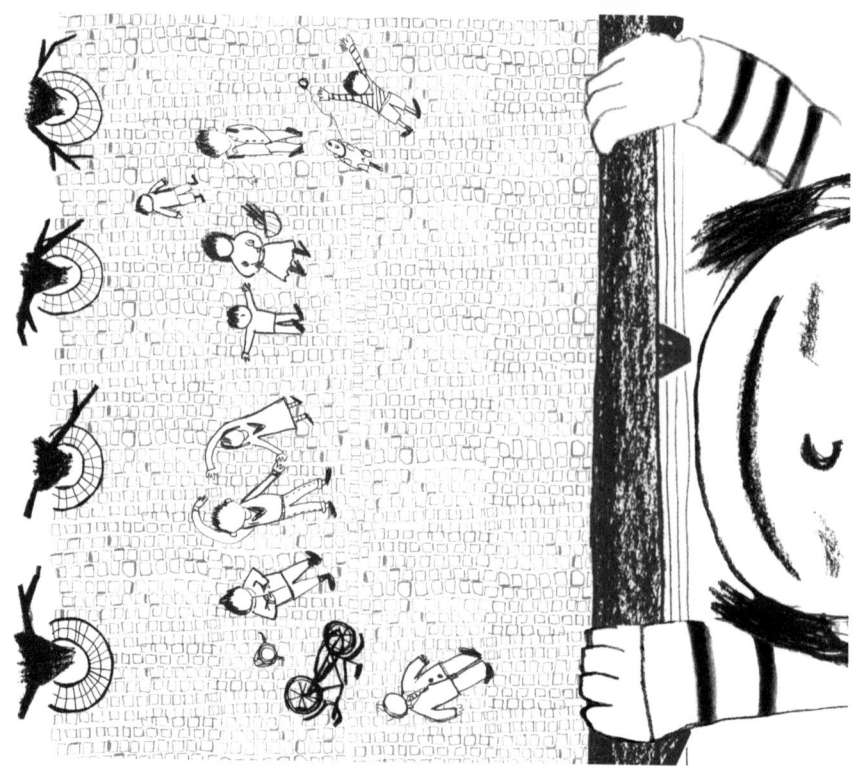

수지는 어둡고 우울한 무채색의 세상에서 살아왔지만,
사람들의 따스한 공감을 통해 아름다운 색이
입혀진 세상으로 내려갈 용기를 냅니다.

이는 수지에게 내려오라고 하고, 수지는 걸을 수 없다고 말합니다. 그 순간 아이는 수지의 아픔과 고통에 깊이 공감하게 되었나봅니다. 왜냐하면 아이가 길에 드러누워버리거든요! 그 아이에게 수지 이야기를 들은 다른 사람들도 하나둘 드러눕더니 모두 위를, 수지를 바라봅니다.

거지 할아버지에게 비닐우산을 준 영이와 수지를 위해 길에 드러누운 아이는 나와 다른 이의 삶에도 공감한 것입니다. 그래서 저는 요즘 교육 현장에서 특히 강조하는 '반편견 교육', 즉 성별·피부색·장애·사회경제적 위치·문화적 차이 등의 이유로 차별하지 말라는 교육의 출발점도 아이들의 공감 능력을 키워주는 것이어야 한다고 생각합니다. 나와 타인의 '다름'에 대해 열린 마음을 갖고 감정과 처지에 공감하기 시작하면 그들을 돕고 싶은 이타적 동기가 자연스럽게 생깁니다.

더 나아가 저는 공감력이야말로 미래 사회에서 인간다움을 지키기 위해서 가장 필요한 조건이 아닐까 하는 생각도 합니다. 기후 위기·빈부 격차·종교 갈등·난민·비대면 사회…. 앞으로 우리 아이들이 살아갈 미래에는 이렇게 많은 문제들이 산적해 있습니다. 이를 해결하는 출발점 역시 타인과 세상의 고통에 대한 공감과 연대입니다. 그래야만 공존의 길을 모색할 수 있을 것입니다.

『내가 라면을 먹을 때』의 표지를 볼까요? 한 아이가 김이 모락모락 나는 라면 대접을 들고 눈을 지그시 감은 채 후루룩 국물을 마시려고 합니다. 이 평화로운 순간에 작가는 카메라 앵글을 돌리듯

『내가 라면을 먹을 때』
하세가와 요시후미 글·그림,
장지현 옮김, 고래이야기

이 동시간을 살아가는 다른 아이들의 모습을 보여줍니다. 이웃에 사는 아이들의 일상은 라면을 먹는 아이처럼 행복하기만 한데, 더 먼 나라의 아이들은 힘겨운 노동을 하고, 가족의 생계를 돌보고, 전쟁과 굶주림에 죽기도 합니다. 이 그림책은 우리가 그저 행복하기만 해서는 안 되는 이유를 조용하지만 단호하게 보여주며 공감의 시선을 보다 넓게 확대시킵니다.

   조금 더 시선을 넓혀볼까요? 우리 모두의 고향인 지구는 가속화되는 온난화로 지금 이 순간에도 어딘가는 녹아 내리고, 홍수가 나거나 불타고 있습니다.『내 친구 지구』는 지구를 우리 곁의 가까운 '친구'로 그려내면서 지구의 변화무쌍한 모습, 지구가 길러낸 생명들을 아름답게 보여줍니다. 그럼으로써 아이들에게 지구는 살아 있으며 우리와 지구는 하나로 연결되어 있다는 메시지를 던져 공감을 이끌어내지요. 독자는 책장을 넘길 때마다 지구가 우리를 위해 하는 일에 놀라고, 책장을 덮은 뒤에는 우리가 지구를 위해 할

『내 친구 지구』
패트리샤 매클라클랜 글,
프란체스카 산나 그림. 김지은 옮김. 창비

수 있는 일이 무엇일지 깊이 고민하게 될 것입니다. 공감은 이렇게 우리의 마음을 더 멀고 넓은 세상까지 한달음에 가닿게 해줍니다.

유아기 도덕성 발달

이제 끝으로 도덕성 이야기를 해보겠습니다. 사회화 과정에서 아이들은 자신의 욕구를 상황과 규범에 맞게 조절하고 행동을 통제하는 능력이 필요한데 그 기반이 되는 것이 바로 도덕성입니다. 돌쟁이 아기도 무언가 잘못한 것 같다 싶으면 미안함이나 당혹감 같은 정서를 드러내지요. 이것은 아직 직관적인 반응이라고 할 수 있으며 도덕적 사고와 판단을 하는 능력은 인지 기능의 성장과 함께 서서히 발달합니다. 학자들은 이 같은 도덕성의 발달 과정을 어떻게 설명하고 있을까요?

프로이트는 인간의 성격이 이드^{id} · 자아^{ego} · 초자아^{superego}로 이루어져 있다고 말합니다. '이드'는 지금 당장 눈앞의 욕구를 만족시키고자 쾌락 원리를 좇으며, 그러기에 충동적이고 비이성적입니다. 영아기는 바로 이드의 본능에 지배되는 때이지요. 배고프면 남의 음식이라도 빼앗아 먹어야 하고 짜증이 나면 그곳이 어디든 큰 소리로 웁니다. 하지만 아기가 자라면서 이드의 요구는 점점 벽에 부딪쳐요. 부모는 아이에게 되는 것과 안 되는 것을 가르칩니다. 참을 줄도 알아야 한다고 타이르고 남을 배려해야 한다고 알려줍니다. 이 과정에서 자아와 초자아가 발달하는 것입니다.

'자아'는 폭주하는 이드에 현실의 브레이크를 걸면서 중재자 역할을 합니다. 본능을 억누르고 현실을 고려하여 수용 가능한 범위 안에서 만족을 추구할 방법을 찾지요. '초자아'는 한 단계 더 나아가서 도덕적 가치와 자아의 이상에 따라 행동하고자 합니다. 그동안 부모의 훈육과 사회의 영향을 받아 차곡차곡 내면화한 도덕과 양심이 초자아 안에 자리 잡고서 끊임없이 우리를 평가하며 우리가 하려는 행동이 옳은지 되묻습니다. 만약 잘못을 저지르면 '양심의 목소리'가 부끄러움·죄책감·후회 같은 감정을 불러일으켜서 잘못을 반성하게 하지요. 프로이트는 바로 이 초자아의 발달이 곧 도덕성의 발달이라고 했습니다.

제목부터 흥미로운 그림책 『양심 팬티』는 눈에 보이지 않는 양심의 목소리가 무엇인지 아이들에게 알려줍니다. 아침밥을 배불리 먹은 레옹이 시원하게 똥을 눕니다. 그런데 똥을 닦을 휴지가 없는 거예요. 다행히 나뭇가지에 걸린 팬티 한 장을 발견하는데, 레옹은

『양심 팬티』
마이클 에스코피어 글,
크리스 디 지아코모 그림, 꿈터

누구의 팬티인지도 모르는 그것으로 똥을 쓱 닦고는 수풀에 툭 던져버리지요. 바로 그때 어디선가 목소리가 들려옵니다.

"나는 네 마음속에 사는 양심이다. 네가 잘못을 저지를 때마다 나타나서 너에게 말을 걸지."

양심은 레옹에게 팬티를 빨아서 제자리에 널어놓으라는 명령을 하고, 레옹은 부끄러운 마음에 똥 묻은 팬티를 열심히 빨아요. 비양심은 똥 묻은 팬티만큼 더러운 것이 아닐까요? 마지막 장면까지 재미가 가득하고 잔소리 한마디 없이 도덕적 교훈을 전하는 그림책입니다.

피아제는 만 4~5세를 기준으로 그 이전을 '전도덕기'라고 말하며 자기중심적이고 인지적으로 미성숙하기 때문에 도덕성이 발달하지 못한다고 보았습니다. 그 이후부터 10세까지는 '타율적 도덕기'로 아이들이 규칙을 잘 따르기 시작하지만 부모나 선생님의 권위에 복종하고 벌을 피하기 위해 무조건 따르는 것이며, 누군가 어떤 행동을 했을 때 아직 의도에 대해서는 생각하지 못하고 결과만 보고 옳고 그름을 판단한다고 했지요. 이 단계를 지나면 비로소 아이들은 규칙의 목적을 이해하고, 벌을 피하기보다는 인정과 칭찬을 받기 위해 도덕적으로 행동하며, 좀더 객관적인 관점을 가지고 옳고 그름을 판단하게 됩니다.

하지만 도덕적 사고력과 판단력이 발달했다고 해서 곧장 도덕적 행동으로 이어지는 것은 아닙니다. 무엇이 옳고 그른지 알아도 옳은 일을 하고 그른 일을 하지 않으려는 '자기통제'self-control에 실패한다면 도덕적으로 행동할 수 없습니다. 한때 유명했던 '마시멜로 실험'이라는 게 있습니다. 스탠포드 대학의 월터 미셸Walter Mischel 연구팀은 만 4세 아이들에게 눈앞에 놓여 있는 마시멜로를 곧바로 먹지 않고 지시에 따라 참고 기다리면_{만족지연 능력이자 자기통제 능력} 더 큰 보상을 주겠다고 말했습니다. 이때 참고 기다린 아이들과 곧장 마시멜로를 먹은 아이들을 15년 뒤 추적 조사해보니, 전자의 아이들이 학업 성취와 대인 관계뿐만 아니라 도덕성에서도 훨씬 더 높은 점수를 얻었습니다.

물론 누군가 도덕적으로 행동할까 말까 갈등하는 순간에 자기통제력만이 도덕적 행동을 하게 하는 유일한 변인은 아닙니다. 남이 바라보고 있지 않을 때, 동조할 누군가와 함께할 때, 발각과 처벌의 가능성이 없을 때 등의 외부 요인이 있으면 비도덕적인 행동을 하기가 좀더 쉽습니다.

『공룡이 왔다』의 주인공 준이는 어제 마트에서 공룡 장난감을 너무나 사고 싶었습니다. 그런데 오늘 친구 찬이가 바로 그 공룡 장난감을 학교에 가져온 거예요. 한번 만져볼까 말까 갈등하던 준이는 아무도 보는 눈이 없는 기회가 오자 그만 자기통제력을 잃고 장난감을 만지고 공룡의 팔을 부러뜨리게 됩니다. 준이는 도저히 자기가 그랬다고 말할 용기가 나지 않아요. 그때부터 준이 앞에는 양심이라는 무서운 공룡이 나타나 후회와 죄책감을 느끼게 합

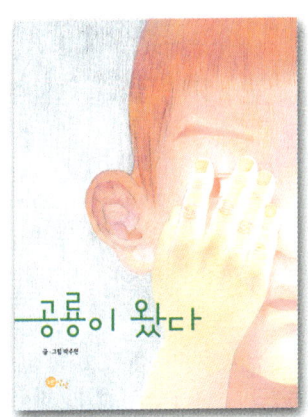

『공룡이 왔다』
박주현 글·그림, 노란상상

니다. 결국 다음 날 등굣길에 준이가 찬이를 부르는 데서 그림책은 끝이 납니다. 준이는 그냥 눈감아버리고 싶은 마음에 저항해서 '정직'의 도덕률을 선택한 것입니다.

정리해보면 도덕성은 아이의 성격 발달, 마음 이론과 도덕적 판단을 비롯한 인지 발달 간의 복잡한 상호작용의 결과라고 할 수 있습니다. 여기에 더해 아이에게 도덕적 가치와 행동 양식을 심어주는 환경, 특히 유아의 경우 부모라는 환경의 영향이 무척 큽니다.

여러분은 아이가 잘못을 저질렀을 때 그 행동을 어떻게 다루고 훈육하시나요? 잘못에 대해 부모의 실망감을 있는 그대로 드러내서 아이를 불안하게 만들거나 강압적인 말과 체벌을 사용하는 것은 조금도 효과적이지 못합니다. 그보다는 대화로 아이의 도덕적 사고를 차근차근 이끌어줘야 합니다. 아이에게 자신의 행동이 어떤 결과를 불러일으키는지 생각하게 하고, 누군가에게 피해를 주었다면 그 사람의 마음이 어떨지 이해하고 공감할 수 있게끔 도와

주세요. 더불어, 여러분 자신이 아이에게 언제나 옳고 바른 행동의 역할 모델이 되기 위해서 노력하시기 바랍니다.

착한 아이의 마음 이론

이 장에서는 마음을 이해하는 능력이 사회성과 도덕성 같은 인성 발달에 어떤 영향을 미치는지 알아보았습니다. 마음을 특히 강조해서 다룬 것은 그것이 아이들의 발달에 미치는 중요성에 비해 소홀히 다루는 부분은 아닐까 하는 생각에서입니다. 그렇지만 이 장을 마치며 마음 이론이 잘 발달해서 사회성과 도덕성이 뛰어난 아이, 그래서 인성이 훌륭한 '착한 아이'에 대해서 꼭 한 가지 말하고 싶은 것이 있습니다. 영국의 그림책 작가 로렌 차일드Lauren Child 는 『착해야 하나요?』라는 제목의 그림책에서 바로 이 착한 아이의

『착해야 하나요?』
로렌 차일드 글·그림,
장미란 옮김, 책읽는곰

딜레마를 보여줍니다.

  착하디착한 아이 유진이는 어른들의 말을 잘 듣고 누가 시키지 않아도 척척 착한 일을 합니다. 남들이 자기에게 무엇을 원하는지 잘 아는 마음 이론이 발달한 아이였던 거지요. 하지만 여동생 제시는 무엇이든 마음대로 하는 아이였어요. 유진이는 점점 불공평하다고 느낍니다. 하지만 그 불공평함의 근원은 제시도, 엄마 아빠도 아닌 유진 자신에게 있었습니다. 타인의 마음을 신경 쓰느라 정작 자신이 원하는 것, 자신의 마음이 향하는 것을 따르지 못했기에 느낀 감정이었으니까요.

  타인의 마음을 이해하고 배려하는 게 결코 착하다는 굴레가 되어서는 안 될 것입니다. 부모의 마음, 형제자매나 친구의 마음, 선생님의 마음을 읽고 이해하는 것만 중요한 것이 아닙니다. 그것과 같은 잣대로 우리 아이들이 자신의 마음도 잘 알아갈 수 있도록 이끌어주시기 바랍니다. 아이가 성공적인 발달을 이루어 도착해야 하는 지점은 착한 아이도 나쁜 아이도 아닌 바로 진정한 자기 자신입니다.

09
성장의 길을 찾다

"아이들은 놀이를 하며 무한한
자유와 몰입, 즐거움을 경험합니다.
놀이는 아이들의 본능이고 권리이자
아이다운 삶의 조건입니다."

성장의 길을 찾다

놀이

골목길 여기저기에 아이들이 모여 놉니다. 나이도 성별도 제각각인 아이들이 시끌벅적하게 떠드는 소리, 까르르 웃는 소리, 티격태격 다투는 소리가 구수한 밥내, 붉은 저녁노을과 한데 버무려지며 느릿한 하루가 저뭅니다. 바로 저의 기억 속에 남아 있는 어린 시절 풍경이에요. 이제는 그림책에서나 볼 수 있는 모습일 겁니다.

요즘 아이들을 '놀이를 잃은 세대'로 표현하면 지나칠까요? 아이들은 아장아장 걷기 시작하면 어린이집에 가야 하고, 문화센터에 가야 하고, 조금 더 크면 이곳저곳 학원에도 가야 합니다. 집 안에 장난감이 가득하다 보니 혼자 노는 데 점점 익숙해지고, 스마트 기기까지 접하게 되면 가상의 놀이 세상이 현실을 대체하지요. 코로나19는 이런 아이들에게서 놀이터마저 빼앗았습니다.

아이들의 놀이는 어른들이 생각하는 것보다 훨씬 중요한 가치를 지닙니다. 놀이는 아이들이 자기 존재를 자유로이 표현할 수 있는 도구입니다. 또, 놀이 속에서 안전하게 세상을 탐색하고, 축소된 삶을 경험하며, 함께하는 기술을 익힙니다. 그러니 아이들은 놀고 싶을 때는 언제든 원하는 놀이를 만족할 수 있을 때까지 할 수 있어야 합니다. 이 책의 마지막 장 주제를 발달 영역이 아닌 '놀이'로 정한 것은, 놀이가 아이들의 본능이고 권리이자 아이다운 삶의 조건이며, 그림책이 그러하듯이 아이들의 세계를 든든히 지켜주는 역할을 하기 때문입니다.

놀이의 개념

놀이란 정확히 무엇일까요? 놀이play의 어원은 '갈증'이라는 뜻의 라틴어 '플라가'plaga로서, 목이 마를 때 물을 찾는 것처럼 내면의 욕구에 따라 본능적으로 하는 것이라는 뜻이 담겨 있습니다. UN 아동권리협약에서는 놀이를 "아이가 스스로 시작해서 만드는 활동이며, 언제 어디서든 가능하고, 지속적인 즐거움과 의욕을 주는 특징을 가진다"고 설명합니다. 학자들도 놀이에 대해 저마다 다양한 정의를 내리고 있는데 몇 가지 공통점을 뽑아서 정리하면, 놀이는 아이 스스로 선택해서내적 동기, 자발성 적극적으로 참여하며신체적·심리적 몰입, 즐겁게긍정 정서 하는 활동이라고 할 수 있습니다.

아이들은 언제나 무언가를 탐색합니다. 그러다가 너무나 자연스럽게 놀이로 옮아가요. 물론 탐색과 놀이는 차이가 있습니다. 탐색을 할 때는 다소 조심스럽고 심각한 분위기로 집중하면서 탐색 대상을 만지고 냄새 맡고 살펴보는 등의 전형적인 행동을 합니다. 그에 비해서 놀이는 긍정적이고 즐거우며 행동도 유연하고 자유롭지요.

이수지 작가의 초기 작품 『우리는 벌거숭이 화가』에서 동생 훈이는 우연히 서랍에서 물감을 발견합니다. 훈이와 누나 진이는 진지하게 물감을 탐색하다가 느닷없이 물감을 얼굴에 칠하며 놀이를 시작하지요. 옷까지 훌렁 벗어 버린 채 물감을 사방에 뿌리고 몸에 그림을 그리더니 바다로, 숲으로 상상 여행을 해요.

둘의 신나는 물감놀이는 "목욕하자!"는 엄마의 부름에 비로소 현실로 돌아오지만, 목욕 역시 어느새 물놀이로 변하며 끝날 줄을 모릅니다. 이 그림책은 탐색이 놀이로, 놀이가 다시 다른 놀이로 발전하는 아이들의 놀이 세계를 아주 잘 보여줍니다.

탐색의 이유는 분명합니다. 낯선 것, 새로운 것, 잘 모르는 것에 대해 알기 위해서예요. 그럼 놀이의 이유는 무엇일까요? 아이들은 놀이로 무엇을 얻는 걸까요? 이 질문에 대해 놀이와 발달을 연구하

『우리는 벌거숭이 화가』
문승연 글. 이수지 그림.
길벗어린이

아이들은 놀이를 하는 동안 무한한 자유와 몰입,
그리고 즐거움을 경험합니다. 그렇기에 놀이는
자발적이며 지속적일 수 있습니다.

는 학자들은 저마다의 이론을 제시합니다.

인지 발달 이론에서는 놀이가 탐색의 연장선이며 지적 성장을 촉진한다고 봅니다. 피아제는 아이의 인지 발달 정도에 따라서 놀이도 발달해간다고 했어요. 이전 장들에서 다루었듯이, 그는 감각과 운동 능력이 발달하는 영아기를 '감각운동기', 표상과 상징이 자라나는 유아기를 '전조작기', 자기중심성을 탈피하고 논리가 나타나기 시작하는 때를 '구체적조작기'라고 부르며, 각 시기에 나타나는 놀이를 차례로 '감각운동놀이'sensorimotor play '상징놀이'symbolic play '규칙 있는 놀이'games with rules라고 명명했습니다.

각성 조절 이론에서는 인간의 중추신경계가 늘 적정 수준의 각성을 유지해야 하는데, 환경에 자극이 없어 지루할 때는 놀이를 함으로써 스스로 자극을 만들어 각성 수준을 높인다고 봅니다. 이 이론을 읽을 때마다 놀고 있으면서도 "심심해, 심심해" 하고 읊조리는 조카가 떠오릅니다. 저는 혀를 끌끌 차며 생각하지요, '아, 겨우 이 정도 난장판으로는 네가 충분한 각성에 이르지 못하는구나!'

정신분석 이론에서는 놀이가 아이에게 자신감과 통제력을 주어 세상에 대한 두려움을 덜어준다고 말합니다. 작고 연약한 아이들은 어른들이 만든 거대한 세상 속에서 무력감을 가질 수밖에 없어요. 그러므로 아이들은 블록으로 장난감 마을을 만들어 미니어처 세상을 경험하고, 소꿉놀이를 하며 어른인 척하는 동안 마음의 힘을 키울 수 있습니다. 또 나무블록을 와르르 무너뜨리고 색찰흙을 마구 주무르고 짓이기며 현실에서 억눌러온 감정을 마음껏 표출할 수도 있지요.

저는 개인적으로 이 세 번째 관점을 좋아합니다. 놀이는 아이들의 마음을 보여주는 '마음 언어'라고 믿고 있습니다. 하지만 어떤 이론도 놀이를 총체적으로 설명하지는 못해요. 이론은 그저 아이들의 놀이를 이해하는 데 도움이 되는 틀을 제공할 뿐입니다.

감각운동놀이와 상징놀이

이제 놀이의 특징을 앞서 언급한 피아제의 인지 발달 이론에 따라서 영유아기에 나타나는 '감각운동놀이'와 '상징놀이'를 중심으로 살펴보겠습니다. 놀이라고 이름 붙일 수 있는 최초의 놀이는 어느 날 아기가 몸을 움직이다가 우연히 흥미로운 감각이나 운동을 경험하고 그 기쁨을 다시 느끼기 위해 행동을 반복하면서 나타나요. 피아제는 생후 1~18개월 사이 아기들의 그와 같은 놀이에 '감각운동놀이'라는 이름을 붙였습니다.

처음에는 손을 빨거나 붙잡는 것처럼 자신의 몸을 가지고 놉니다. 그러다가 점점 몸을 뒤집고 앉고 기는 대근육이 발달하고, 손을 쓰는 소근육도 발달하면서 더 다양한 반복 행동을 할 수 있게 되지요. 아기는 엄마가 이불 밑에 장난감을 숨기면 이불 들추기를 되풀이하며 까르르 웃고(그러다가 숨겨진 장난감 찾기는 깜박 잊고요), 보행기에 앉아 손에 쥐고 있는 딸랑이를 일부러 바닥에 떨어뜨리고 또 떨어뜨리는 놀이를 합니다.

아기들의 감각운동놀이는 몸놀이에서 점차 사물을 가지고 하는 놀이로 옮아갑니다. 초기에는 만지면 소리가 나거나 반짝이거나 움직이는 등의 감각 자극을 주는 장난감에 주의를 빼앗기다가, 점차 두드리기·밀기·쌓기처럼 더 정교하고 능동적인 조작을 요하는 장난감을 좋아하게 된답니다.

한편, 아기가 돌이 지날 무렵 어느 날 엄마는 아주 귀여운 장면을 목격하게 되지요. 바나나든 엄마 지갑이든 손에 잡히는 납작한 것을 무조건 귀에 갖다대며 심각한 표정으로 고개를 끄덕이기도 하고 알 수 없는 말을 웅얼거리기도 합니다. 바로 전화놀이를 하는 거예요. 아기가 이 놀이를 한다는 것은 머릿속에 '전화'의 표상이 생겼다는 것이고, 납작한 물건으로 전화를 대체해 현실을 묘사하고 있는 것입니다. 엄마가 그림책에 그려진 음식을 아기 입에 넣어 주는 시늉을 하면 아기는 정말로 그 음식을 먹는 것처럼 입을 오물거려요. 이것 역시 '음식'에 대한 표상이 생겼기 때문입니다. 아기는 이렇게 서서히 감각운동놀이에서 '상징놀이'로 나아갈 준비를 하다가 24~48개월 사이에는 다양하고 본격적인 상징놀이에 빠집니다.

어릴 적에 그림책 『분홍 보자기』의 아이처럼 보자기를 가지고 뒤스럭 한번 안 떨어 본 사람은 아마 없을 거예요. 할머니가 가져오신 분홍 보자기는 목에 두르면 나비의 날개가 되고, 허리에 묶으면 공주님 드레스가 되고, 깔고 앉아서 주문을 외면 하늘을 나는 양탄자가 됩니다.

『분홍 보자기』
윤보원 글·그림, 창비

 이 아이가 푹 빠져 있는 놀이가 바로 상징놀이입니다. 아이는 분홍 보자기가 날개인 척, 드레스인 척, 양탄자인 척하며 노는데, 아이의 인지 구조 안에 이미 날개, 드레스, 양탄자의 표상이 있기에 보자기로 실제를 대체하며 실제인 척하고 놀 수 있는 거지요. 이렇게 '척하는' 가작화假作化 요소 때문에 상징놀이를 '가상놀이'pretend play라고도 합니다.
 초기의 상징놀이에서 아이는 주로 자기 자신을 대상으로 놀이하지만, 시간이 지나면서 점차 인형을 앉혀 놓고 밥을 떠먹이는 척하는 등 대상을 설정하기 시작합니다. 『베개 애기』의 주인공인 어린 명애에게서 그 모습을 엿볼 수 있어요. 이 그림책은 동화 작가 송창일 선생님께서 1938년에 펴낸 동화에 무려 70여 년 뒤 이영림 작가가 그림을 그려서 완성했지요.
 인형이 없던 시절이기에 명애는 베개를 아기인 척하고 상징놀이를 합니다. 명애는 베개 애기를 업고, 재우고, 먹을 게 생기면 입도 없는 베개 애기에게 먼저 먹으라고 해요. 심지어 베개 애기의 얼굴이 볕에 탈까 봐 응달로만 다니고요. 명애는 베개 애기를 진짜 아

『베개 애기』
송창일 글, 이영림 그림, 개암나무

기로 믿는 걸까요?

아이들은 대개 부모에게서 처음 상징놀이를 배웁니다. 아기 앞에서 '먹는 척'을 할 때 엄마는 실제로 음식을 먹을 때보다 더 크게 냠냠 쩝쩝 소리를 내거나 더 과장되게 입 모양을 만들며 아기의 관심을 끌어요. 아기는 처음에는 그게 진짜인지 가짜인지 혼란스럽지만 차츰 놀이로 인식하게 됩니다. 그러면서 아기도 먹는 척 따라 하지요. 엄마가 곰인형을 목욕시키는 척하며 아기에게 건네주면 아기도 그 동작을 따라 하고요. 세 살쯤이면 스스로 놀이에 가상 요소를 넣기 시작합니다.

이렇게 아이들은 '모방'을 하면서 쌓인 경험과 학습으로 놀이 속의 가상과 진짜 현실을 어느 정도까지 구분할 수 있습니다. 아이의 상징놀이를 고의로 방해하는 실험에 따르면, 어른의 방해를 받은 순간 아이는 놀이를 중단하고 상상에서 빠져나오지만 어른이 사라지면 다시 쉽게 놀이로 돌아갑니다. 명애도 분명히 베개 애기가 진짜 아기가 아니라는 것쯤은 알고 있을 거예요. 그런 명애의 모습이 엄마는 한없이 우습고 사랑스럽지만 짐짓 못 본 체합니다. 명애가 부끄러워하지 않고 마음껏 놀이할 수 있도록 말이지요.

시간이 갈수록 아이의 상징놀이는 더욱더 풍부해집니다. 바로 상상력이 발달하기 때문입니다. 상상력은 실제로 존재하지 않는 것, 실제로 일어나지 않은 일을 머릿속에 떠올리며 그려내는 능력이에요. 아이들이 상상 친구imaginary friends를 가지게 되는 것도 상상력이 발달하면서부터 입니다.

상상 친구는 눈에 보이지 않는 대상일 수도 있고 아이가 좋아하는 인형이나 장난감 등 눈에 보이는 대상을 인격화한 것일 수도 있습니다. 어른들이 생각하는 것보다 훨씬 더 많은 아이들이 상상 친구와 소통하고 놀이해요. 마레크 베로니카Marek Veronika의 『라치와 사자』, 존 버닝햄의 『알도』, 앤서니 브라운의 『잘 가, 나의 비밀 친구』, 프란체스카 산나Francesca Sanna의 『쿵쿵이와 나』 같은 많은 그림책들에도 이런 비밀스러운 상상 친구가 등장합니다.

또 아이들은 상상력을 통해서 보이는 현실 세계와 보이지 않는 환상 세계를 연결하는데, 상징놀이 속에 고스란히 드러납니다. 아빠 베개 위에 앉아서 신나는 드라이브를 하기도 하고, 책상 밑에 들어가 어두컴컴한 동굴 속 보물을 찾아내기도 하면서 말이에요.

『종이 아빠』에 나오는 은이는 종이놀이에 푹 빠져 있습니다. 종이를 자르고 오리고 접고 붙이고 색칠하며 신나게 놀지요. 하지만 종이놀이가 아무리 재미있어도 은이는 아빠하고 놀고 싶은데 아빠는 "나중에, 나중에"만 되풀이해요. 그런데 서류만 들여다보던 아

『종이 아빠』
이지은 글·그림, 웅진주니어

빠에게 큰일이 일어납니다. 펄럭펄럭 휘청휘청, 아빠가 종이로 변해버린 거예요!

이제 회사에 어떻게 가야 하냐고 걱정하는 아빠를 위해 은이는 다시 종이놀이를 시작합니다. 아빠를 나비로 만들기도 하고, 공룡으로 만들기도 하고, 드레스를 입혀 보기도 하면서요. 결국 그렇게도 소원이었던 아빠와의 종이놀이를 실컷 하게 된 은이는 아빠와 함께 바람을 타고 열린 창문 밖으로 날아가는 모험까지 합니다.

사실, 은이의 현실은 아빠에게 놀이를 거절당하고 어쩔 수 없이 자신만의 놀이를 시작한 거예요. 하지만 은이의 상상력이 그 현실을 전혀 다른 결말로 바꾸어놓습니다. 이런 놀이를 통해서 아이는 현실 세계에서 느꼈던 무력함을 극복하고 스스로 통제할 수 있는 환상 속에서 마음껏 자아를 펼쳐볼 수 있지요. 여기서 얻는 만족감과 기쁨이 현실에서 경험하는 크고 작은 부정적 감정들을 보상하는 것입니다. 아이는 이렇게 놀이를 통해서 삶을 연습하고 마음의 힘을 키웁니다.

누구와 놀까

놀이를 할 때 아이들은 혼자 놀기도 하지만 놀이 상대가 있기도 합니다. 놀이 상대가 누구인지에 따라, 그리고 발달 단계에 따라, 놀이 종류와 행동이 달라져요. 아이들의 처음 놀이 상대는 바로 부모입니다. 엄마와 아빠는 아이의 발달 수준에 맞게 의사소통을 하고 자극과 반응을 민감하게 조절하며 함께 놀이해요. 차이가 있다면, 엄마는 놀잇감을 가지고 아이와 상호작용하는 걸 더 선호하고, 언어적이며 교육적인 자극을 주려고 합니다. 그에 비해 아빠는 아이를 번쩍 들어 올리거나 함께 뒹굴고 달리는 등의 '신체놀이'를 더 선호하지요. 이런 차이는 문화 보편적입니다.

아빠와의 신체놀이는 아이의 사회성과 정서 발달에 도움이 되기도 해요. 다소 격한 활동을 하는 동안 아이는 흥분을 하게 되는데, 아이들끼리의 놀이에서도 종종 그런 흥분 상황이 발생합니다. 그럴 때 어떻게 감정 조절을 해야 하는지 아빠와의 신체놀이에서 배울 수 있고, 아빠의 얼굴 표정이나 행동을 보며 비언어적 의사소통 방법도 배울 수 있어요. 또 아빠라는 안전기지 안에서 시끌벅적하게 놀며 에너지를 쏟아냄으로써 스트레스가 해소되어 정서적으로 안정될 수 있답니다.

『아빠와 피자놀이』는 윌리엄 스타이그 William Steig 식의 유머와 가

『아빠와 피자놀이』
윌리엄 스타이그 글·그림,
김경미 옮김, 비룡소

족애가 돋보이는 그림책입니다. 비 때문에 공놀이를 못 하게 된 아들 피트가 속상해하자, 아빠는 피트를 번쩍 안아서 식탁에 올려놓아요. 그러고는 피트를 조물조물 주무르며 피자 반죽을 시작하지요. 피자 반죽의 묘미는 공중으로 반죽을 빙글빙글 획획 던지는 거 아니겠어요? 아빠는 피트를 그렇게 했고 말고요. 그다음 피트의 몸에 기름(사실은 물)을 듬뿍 바르고, 밀가루(사실은 베이비파우더)를 솔솔 뿌리고, 토마토(사실은 게임 칩) 조각까지 얹었답니다. 깔깔 웃다 보니 어느새 피트의 우울했던 기분도, 먹구름도 말끔히 사라져 버렸네요.

가정에서 아이의 놀이 상대로 빼놓을 수 없는 존재가 또 있지요. 바로 형제자매입니다. 일반적으로 영아기의 아기 동생은 손위 형제자매의 놀이를 구경하고 손위 형제자매는 아기 동생에게 무관심하게 거리를 둡니다. 그러다가 아기 동생이 장난감에 손을 대거나 놀이에 덥석 끼어들기라도 하면 한번씩 야단법석이 나요. 동생이 조금 더 커서 의사소통이 되면 그때부터 손위 형제자매의 놀이에낄 수 있어요. 손위 형제자매는 놀이 선생님이 되고, 동생은 그들의 놀이를 모방하며 배웁니다.

그런데 요즘 외둥이가 많고, 일찍부터 보육 기관에 다니기 때문에 형제자매보다 또래를 놀이 상대로 접하는 경우가 더 흔할 것 같아요. 심리학자 밀드레드 파튼Mildred Parten은 영유아 또래들 사이의 '사회적 놀이'를 연구해서 세 종류의 놀이 행동으로 나누었습니다.

우선 만 1~2세 아기들은 함께 있어도 '혼자 놀이'solitary play를 합니다. 또래에게 호감을 보이고 장난감을 건네주기도 하지만, 또래의 놀이를 구경꾼처럼 바라만 보거나 아니면 각자 따로따로 놀면서 아직은 자기 세계 안에서만 머물러요. 만 3~4세 아이들 사이에서는 '연합놀이'associative play를 볼 수 있는데, 예를 들어 함께 소꿉놀이나 그림 그리기를 하더라도 긴밀한 상호작용은 없이 저마다 자기 놀이에 열중하는 거예요. 그러다가 문득문득 무언가를 빌려주기도 하고, 친구의 그림을 보고 웃거나 자기가 쌓은 블럭을 보라고 하는 등 소통을 하지요.

만 5세 정도면 가장 높은 단계의 사회적 놀이인 '협동놀이'cooperative play가 나타나기 시작합니다. 두 명 이상의 아이들이 함께 놀이를 할 때 놀이의 목표나 방법을 서로 공유하고 각자의 임무를 나누며 놀이에 적극적으로 참여하는 거예요. 이를 테면 모래놀이터에서 함께 멋진 성을 쌓는 것도 협동놀이고, 숨바꼭질을 하는 것도 협동놀이지요.

『뭐 하고 놀까?』를 보면 귀여운 생쥐가 줄 하나를 발견합니다.

『뭐 하고 놀까?』
김슬기 글·그림, 시공주니어

줄넘기를 하기에는 좀 짧은데 이걸로 뭐 하고 놀까요? 그때 수레를 끌고 가던 오리가 나타나고 기꺼이 자기 줄을 내놓으며 생쥐의 줄과 길게 이어요. 이렇게 장면마다 각자 다른 놀이를 하던 동물 친구들이 하나씩 등장해 줄을 내놓으며 길게, 길게 잇지요. 이제 길어진 줄로 뭐하고 놀까요? 모두 함께 줄을 넘으며 신나게 줄넘기를 하지요. 놀이라는 목표를 위해 서로 힘을 모으는 협동놀이의 특징과 함께 노는 즐거움이 잘 그려진 그림책입니다.

놀이의 꽃, 사회극놀이

지금부터 이야기할 '사회극놀이'는 앞서 설명한 상징놀이와 사회적 놀이가 결합된 형태입니다. 다양한 상징물과 가작화된 요소가 있는 놀이를 여럿이 역할을 나누어 함께하는 일종의 역할놀이 role play로, 상상력과 창의성, 사회성이 두루 필요하기에 '놀이의 꽃'이라 할 수 있어요. 사회극놀이에서 아이들은 크게 세 종류의 역할을 하며 놀아요. 첫째, 소꿉놀이에서 엄마·아빠·아기 같은 가족 구성원의 역할을 나눠 하거나, 둘째, 그림책이나 만화영화에서 본 공주·마법사·괴물 등 특정 캐릭터의 역할을 하거나, 셋째, 의사·소방관·요리사처럼 직업을 표현하는 역할을 합니다. 아이들은 보고 들은 어른들의 모습을 사회극놀이에 그대로 표현하면서 어른의 세계를 더 잘 이해하게 되지요.

『위대한 건축가 무무』의 주인공 무무는 오늘도 무언가를 짓기 위해서 분주합니다. 무무는 집 안 곳곳에서 재료를 가져와요. 의자 두 개는 건물의 뼈대가 되고 담요는 지붕이 되지요. 여기까지 보면 무무는 계획과 의지가 있고 주제가 통합된 창의적인 상징놀이를 하고 있는 거예요. 하지만 아직 혼자서 하는 놀이입니다.

그런데 지붕을 얹은 무무가 전기 기술자를 부르자, 아빠가 번개같이 나타납니다. 아빠가 줄과 손전등을 달아주고, 무무가 내부 인테리어 공사를 하고 문을 달면 끝! 무무가 만든 건 바로 공룡 박물관이랍니다. 이제 나머지 가족들은 공룡 박물관의 관람객 역할을

『위대한 건축가 무무』
김리라 글·그림, 토토북

사람들은 무무의 새 작품을 보고 모두 감탄했지요.

역시 무무는 위대한 건축가입니

> 무무의 사회극놀이에는 무무가 어른들의
> 세계를 어떻게 바라보고 있으며 어떻게 관계 맺고
> 싶어하는지 잘 드러나 있습니다.

하며 무무의 놀이에 적극적으로 동참해요. 무무의 놀이는 순식간에 사회극놀이로 변합니다.

  무무의 꿈이 건축가인지는 잘 모르겠습니다. 하지만 놀이를 보면 무무가 설계부터 땅고르기, 기둥과 뼈대를 세우고 지붕 얹기, 전기와 바닥과 실내 공사까지 건축가의 일을 아주 잘 이해하고 있음을 알 수 있어요. 또한 무무는 실패하기도 하고 다시 도전하기도 하며 놀이 안에서 성장해요. 함께하는 가족의 응원이 앞으로도 무무에게 큰 힘이 될 거예요. 아이들은 놀이를 통해 어른의 역할을 경험하고, 할 수 있는 게 더 많은 어른처럼 행동해봄으로써 자신의 현실적 한계를 넘어 자기 개념을 확장할 수 있습니다. 이 그림책은 사회극놀이를 통해서 아이가 어른의 세계와 어떻게 관계를 맺는지 아주 재미있고 따스하게 보여줍니다.

그림책 『숲속 약국 놀이』의 주인공 민혜의 엄마는 약사입니다. 엄마가 손님과 이야기하는 동안 민혜는 구급 상자를 들고 숲속 놀이터로 나가요. 거기서 민혜는 동물 친구들을 만나고, 민혜가 약사, 동물 친구들이 환자가 되어 사회극놀이를 시작합니다. 민혜는 동물 친구들의 증상에 맞게 약을 주고 조언도 잊지 않아요. 놀이 안에서 약사라는 직업의 핵심을 잘 표현하고 있지요. 민혜가 가진 구급 상자와 약병 같은 소품들은 놀이를 더 풍부하게 만들어줍니다.

그런데 민혜의 놀이에 훼방꾼이 등장해요. 글쎄 사나운 호랑이가 뛰어들어 남은 약을 몽땅 삼키다가 캑캑! 목에 걸린 거예요. 자, 이 문제를 민혜와 동물 친구들은 어떻게 해결하면 좋을까요? 간단합니다. 호랑이를 새로운 환자로 받아들여 정성껏 치료해주고 다 함께 신나게 놀지요.

민혜처럼 아이들은 사회극놀이를 위해서 놀이할 친구들을 모으

『숲속 약국 놀이』
박정완 글·그림, 시공주니어

고, 역할을 나누고, 놀이를 하는 동안 집단 상호작용을 관리합니다. 그 과정에서 친사회성과 협동심을 발휘하고, 자기조절을 학습하고, 협상을 시도하는 등 다양한 사회적 기술이 발달하게 되는 거예요. 이 능력은 결코 가르쳐서 배울 수 있는 영역이 아니니, 아이들의 놀이가 얼마나 중요한지 다시 한번 알 수 있습니다.

놀이와 규칙

후기 유아기의 놀이에서는 이렇게 또래 상호작용이 활발하기에 놀이의 '규칙'이 점점 더 중요해집니다. 아무리 놀이라도 여럿이 함께하면 지켜야 하는 것들이 생기고, '규칙 있는 놀이'를 하기 시작하면 규칙이 놀이의 중심에 오게 됩니다. 놀이 참여자는 누구나 놀이의 규칙에 자발적으로 구속될 수밖에 없습니다. 규칙을 지키지 않으면 놀이의 세계가 깨지며 거기서 내쫓기니까요. 그러니 선택의 여지가 없어요. 지키거나 아니면 놀이를 하지 말든가 둘 중 하나입니다. 아이들이 놀이를 선택한다면 그건 놀이가 부여하는 규칙에 따르기로 결정한 것입니다.

『무궁화꽃이 피었습니다』는 여러 종류의 떡들이 모여서 전통 놀이를 한다는 아주 기발한 이야기입니다. 이 놀이를 하기 위해선 먼저 술래를 정해야 해요. 가위바위보! 술래는 무지개떡이네요. 무지개떡은 맨날 자기만 진다고 투덜대면서도 술래 자리로 갑니다. 규칙은 규칙이니까요. 그러면서 친구들에게 경고해요.

『무궁화꽃이 피었습니다』
천미진 글,
강은옥 그림, 키즈엠

"너희들, 조금만 움직여도 다 걸리는 거야. 안 움직였다고 우기기 없어!"

무지개떡이 말한 '움직이면 걸린다'는 이 놀이의 규칙 중 하나입니다. 이렇게 규칙을 지키며 놀 때는 놀이 참가자들의 몰입과 집중, 팽팽한 긴장감이 생깁니다. 사실 이 지점이 규칙 있는 놀이의 가장 큰 매력이에요. 지루할 새가 없거든요. 무지개떡은 움직이다가 팥고물이 떨어진 시루떡을 잡아내고 꿀이 뚝뚝 떨어지는 꿀떡을 잡아내지요. 망개떡은 잡아낼 것도 없이 너무 서두르다가 망갯잎을 밟고 제 풀에 넘어집니다. 이런 우연성은 규칙 있는 놀이를 더욱 재미있게 만듭니다.

다행히 떡 친구들은 큰 갈등 없이 놀이를 마치지만, 어떤 경우에는 규칙을 두고 갈등이 생기기도 합니다. 하지만 놀이를 하는 동안 생기는 적당한 갈등은 결코 부정적인 것이 아닙니다. 오히려 아이들이 서로의 차이를 아는 기회가 되지요. 함께 놀이하는 또래는 서로 친근감과 힘의 균형이 있기에 대부분 스스로 잘 해결합니다. 무엇보다 인내·양보·타협·이해 등 친사회적 방식으로 해결해야 다음번 놀이로 이어질 가능이 더 높아집니다.

아동기에 접어들어 아이들의 사고력이 발달할수록 놀이에 촘촘한 규칙을 만드는 걸 더욱 좋아하게 됩니다. 어느 때 보면 놀이보다 규칙 만들기에 더 많은 정성과 시간을 쏟는 것처럼 보이기도 하지요. 성장할수록 정교하고 복잡한 규칙이 있는 놀이를 즐겨하며 이 경향은 성인기까지 이어집니다.

놀이로 초대하는 그림책

지금까지 영아기와 유아기의 다양한 놀이에 대해 알아보았는데, 저와 여러분의 관심사인 그림책은 놀이에 어떤 영향을 미칠까요? 사실, 아이들이 그림책을 보는 과정은 놀이와 꼭 닮았습니다. 그림책을 볼 때에는 글과 그림의 빈 공간을 내면의 욕구와 상상력으로 채워야 하는데 그때 아이들은 아주 적극적이고 자발적이지요. 놀이의 빈 공간 역시 욕구와 상상력으로 채워집니다. 아이들은 그림책을 볼 때와 놀이를 할 때 가장 자연스럽게 자신의 내면 세계를 드러내요.

그러니 그림책은 언제나 아이들의 놀이를 도울 수 있습니다. 우선, 아이들은 그림책을 보며 다양한 놀이 세계와 놀이 방법을 간접 경험하게 되고 거기서 자극을 받아요. 그 결과 더 많은 놀이 대상과 놀이 공간을 인식할 수 있고, 더 풍부하게 놀잇감을 활용할 수도 있게 되어 아이의 놀이가 크게 확장됩니다.

『용기 모자』는 겁 많은 아이 메이스에 관한 그림책이에요. 개와 비둘기도 무서워하고 침대 밑에 악어가 있다고 믿는 메이스를 위해 할아버지는 신문지를 착착 접어 용기 모자를 만들어줍니다. 용기 모자는 얼마나 효과 만점인지 메이스는 그동안 무섭기만 했던 것들이 달리 보이고 세상에서 가장 용감한 아이로 변하지요. 자, 이 그림책을 본 아이들 중에 신문지 모자를 원하지 않는 아이가 있을까요? 그림책 읽기는 어느새 종이접기놀이가 되고, 다시 상징놀이가 되는 거예요.

안녕달 작가가 쓰고 그린 첫 그림책이자 대표작 가운데 하나인 『수박 수영장』은 아이들에게 여름 필독서와 같은 책입니다. 찌는 듯이 무더운 여름날 커다란 수박 한 통이 온 동네 사람들을 위한 수영장이 된다는, 상상만 해도 시원하고 달콤한 이야기지요. 이 그

『용기 모자』
리사 데이크스트라 글, 마크 얀센 그림,
천미나 옮김, 책과콩나무

『수박 수영장』
안녕달 글·그림, 창비

림책을 보고 난 아이들에게 속을 파먹고 남은 빈 수박 반 통을 주면 아마 그 어떤 최신 장난감보다 더 신나게 가지고 놀 거예요. 엄마는 그저 온 집 안이 끈적끈적해지는 것만 꾹 참으면 된답니다.

그림책은 또 어떻게 아이들의 놀이를 도울 수 있을까요? 아이들은 자신이 아는 것, 본 것을 가장 쉽게 표현할 수 있기에 그림책 속 상상력 가득한 이야기들은 단순한 상징놀이부터 사회극놀이까지 아이들의 놀이 전개를 더욱 풍성하게 만들어줍니다. 특히 '환상 그림책' fantasy picture book 속 이야기를 놀이로 표현해보는 건 큰 의미가 있어요.

환상 그림책의 주인공들은 초현실적인 사건을 경험하거나 시공간을 자유롭게 이동하며 환상과 현실을 넘나들어요. 그런 그림책을 보는 동안 아이들은 환상 세계에 빠져들고, 그림책에서 본 것을 놀이로 표현하면서 자신과 주인공을 동일시합니다. 환상 세계는 어른의 눈에는 터무니없어 보일지 모르지만, 현실에서는 불가능한 아이들의 욕구를 담아내고 안전하게 경험하게 해주는 '중간 세계'

입니다. 훌륭한 환상 그림책의 주인공들은 환상 여행을 통해서 내적 성장을 경험하는데, 독자 아이들 역시 같은 경험을 하고 새로운 시각으로 현실을 볼 수 있게 됩니다.

유리 슐레비츠Uri Shulevitz는 어릴 적에 선원처럼 꾸미고 이웃집에 가서 놀곤 했는데, 그 경험을 토대로 『나는 작은 배의 용감한 선장』이라는 그림책을 만들었다고 합니다. 주인공 아이는 아침마다 민츠 아저씨 집을 방문하고 서랍장 위의 모형 돛단배를 꺼내서 환상 여행을 떠나요. 그 여행에서 폭풍우를 만나고 해적도 만나지만 아이는 결코 물러서지 않고 꿋꿋이 헤쳐나가죠. 그런데 해적의 보물 지도를 손에 얻은 순간, 누군가 자기를 지켜보고 있다는 느낌이 들었습니다. 현실로 돌아와 보니, 그 눈길의 주인은 바로 민츠 아저씨네 벽에 걸린 그림 속 남자였어요. 두려움에 사로잡힌 아이는 더 이상 환상 여행을 떠나지 못합니다.

아이는 며칠 동안 생각하고 또 생각하다가, 마침내 민츠 아저씨 집으로 가서 그림 속 남자에게 선언합니다.

『나는 작은 배의 용감한 선장』
유리 슐레비츠 글·그림,
최순희 옮김, 시공주니어

"아저씨는 이 벽도 못 떠나고, 이 방에서도 못 나가죠. 하지만 난 멀리멀리 신나는 여행을 떠날 수 있어요."

아이의 이 말은 마치 환상의 힘을 정의하는 말 같습니다. 아이는 스스로 용기를 내어 두려움을 극복했고, 다시 환상 여행을 떠나는 아이의 손에는 보물지도가 들려 있지요. 그림책을 본 독자 아이가 책 속 주인공 아이를 동일시하며 아이처럼 놀이한다면, 주인공 아이가 얻은 성장의 경험 또한 공유하는 거예요. 그것은 성장의 길을 안내하는 지도를 얻는 것과 같지 않을까요?

요즘 아이들이 잃어버린 것

놀이는 아이들에게 이토록 중요한데, 안타깝게도 놀이 환경은 오히려 나빠지고 있습니다. 우선 아이들의 놀이 대상이 점점 축소되고 있어요. 형제자매가 없는 경우가 많고 이웃과의 교류도 과거보다 적지요. 코로나19로 교육 기관에 다니지 못한 동안 아이들은 또래 친구들과도 만날 수 없었고요. 그래서일까요? 예전에는 아이들이 여럿이 함께하는 놀이를 많이 했다면, 요즘 유아들은 혼자 하는 놀이를 더 많이 하고, 아동들은 게임이나 퍼즐같이 혼자 하는 '조작놀이'를 더 많이 합니다.

놀이 공간도, 놀잇감도 달라졌습니다. 예전 아이들이 지역 사회의 놀이터나 자연 공간에서 놀았다면, 요즘 아이들은 키즈카페 같은 상업화된 문화 시설에서 놀아요. 그곳에는 수많은 장난감들이 있고, 아이들은 서로 어울려 노는 대신 저마다 이 장난감에서 저 장난감으로 옮겨가며 놉니다.

요즘 아이들은 집에도 장난감이 너무나 많습니다. 아이러니하게도 장난감의 풍요로움과 다양성이 오히려 놀이를 방해해요. 장난감은 그 자체가 놀이가 아니라 놀이의 매개체인데, 건전지로 작동하는 화려한 자동 장난감들은 아이들의 주의를 사로잡고 장난감 자체에만 몰입하게 할 뿐입니다. 그러다 보니 장난감에 대한 애착도 없고, 자꾸만 더 신기하고 새로운 장난감을 원할 뿐이에요.

최근에는 스마트폰과 뉴미디어가 장난감의 그 좁은 입지마저 위협하고 있습니다. 저는 얼마 전 초등학교 저학년인 어린 조카가 스스로 놀이를 하는 대신 다른 아이가 새 장난감을 개봉하고 그걸로 놀이하는 영상을 바라보며 즐거워하는 모습에 적잖은 충격을 받았습니다. 아이가 영상을 보는 십여 분 동안에는 어떠한 신체 활동이나 사회적 상호작용도 일어나지 않았으며 상상력과 창의성이 끼어들 여지도 없었습니다.

앞에서 놀이의 중요성에 대해 열심히 이야기했지만, 현실에서는 놀이 환경의 이 같은 변화가 우리 아이들의 놀이의 양과 질을 현저히 떨어뜨리고 있습니다. 그럼 어떻게 해야 할까요? 방법은 분명합니다. 놀이 환경을 과거로 되돌리는 거예요. 아이들에게 놀이 상대를 더 많이 찾아주고, 놀이터나 자연에서 놀 기회를 더 많이 만들어주고, 장난감은 꼭 필요한 것만을 심사숙고해서 사주며, 스마트폰과 미디어 노출을 적절히 관리하는 것입니다. 더불어 아이의 나이가 어릴수록 부모가 좋은 놀이 친구가 되야 한다는 것을 강조하고 싶습니다. 아무리 멋진 장난감이 있어도 부모의 민감하고 긍정적인 상호작용만큼 아이에게 큰 만족을 주는 건 없어요.

자, 아이의 좋은 놀이 친구가 되려면 이 두 가지를 꼭 기억하세요. 첫째, 놀이의 주도권을 아이에게 주세요. 놀이의 선택부터 진행까지 아이가 이끌고, 부모는 아이의 놀이에 관심을 표현하며 아이가 원하는 역할을 해줍니다. 관심을 표현할 수 있는 방법은 여러 가지예요. 스포츠 해설자처럼 아이의 행동을 신나게 서술해줄 수도 있고(ex. 우와, 블록을 쭉 늘어놓았구나. 그러니까 도로 위 자동차들 같네!), 칭찬을 해줄 수도 있고(ex. 이야, 어쩜 그렇게 멋진 생각을 했니?), 아이의 놀이를 더 풍부하게 해줄 아이템들을 찾아서 제공할 수도 있지요.

둘째, 학습을 위해서 놀이를 빙자하지 마세요. 물론 학습과 놀이를 연계하면 아이들은 더 쉽고 재미있게 배울 수 있습니다. 하지만 그건 학습이므로 놀이라고 말하지 마세요. 아이가 놀기를 원할 때는 노는 것 자체가 목적인 놀이를 할 수 있어야 합니다. 놀이하다가 영어나 수를 가르치려고 욕심을 내면 아이의 놀이는 색과 빛을 잃고 말 거예요.

부모가 즐거운 놀이 상대일 경우, 아이는 발달적으로 적절한 방식으로 놀이를 하게 되고 점차 또래와의 놀이 활동에도 더 잘 참여하게 됩니다. 그림책도 처음에는 읽어줘야 하지만 나중에는 아이

『뛰지 마!』
김규정 글·그림, 낮은산

스스로 읽게 되듯이, 놀이 역시 부모가 잘 놀아줘야 나중에는 혼자서도 잘 놀 수 있게 되지요.

『뛰지 마!』의 주인공 솔이는 비 오는 날 집 안에만 갇혀 있다가 답답했는지 뛰기 시작합니다. 그러자 층간 소음을 걱정하는 엄마는 대번에 "뛰지 마!"를 외칩니다. 하지만 솔이는 뛸 수밖에 없어요. 그건 그냥 뛰는 게 아니니까요. 뛰는 게 아니라 잠든 공룡을 깨우는 거고, 심심한 악어랑 놀아주는 거고, 구름 속에서 비를 털어내느라 바쁜 용을 도와주는 겁니다. 솔이에게 뛸 수밖에 없는 이유가 있듯이 아이들에게는 놀 수밖에 없는 당당한 이유들이 있습니다. 그러니 부디 함께 손잡고 뛰어주세요.

저는 유년기의 놀이 경험이 어른이 되어서도 평생토록 마음이 뛰놀 수 있는 놀이터가 된다고 믿습니다. 내 아이가 더 넓고, 더 신나고, 더 아름다운 놀이터를 가질 수 있도록 힘껏 도와주어야 하지 않을까요?

참고문헌

1. 그림책 세상을 만나다: 감각 발달

도이 아키후미 지음, 김민지 옮김, 『시작, 그림책』, 안그라픽스, 2015, 14-37쪽.

로버트 시글러 외 지음, 송길연 외 옮김, 『발달심리학 제5판』, 시그마프레스, 2019, 181-194쪽.

마쓰이 다다시 지음, 이상금 옮김, 『어린이와 그림책』, 샘터, 2003, 140-152쪽.

브루스 잉먼·라모나 레이힐 지음, 황유진 옮김, 『딕 브루너』, 북극곰, 2020, 24-27쪽.

페리 노들먼 지음, 김서정 옮김, 『어린이 문학의 즐거움 2』, 시공주니어, 2001, 426-433쪽.

현은자·김세희 지음, 『그림책의 이해 2』, 사계절, 2005, 201-226쪽.

Anthony DeCasper & Melanie Spence, "Prenatal maternal speech influences newborns' perception of speech sounds," Infant Behavior and Development, Volume 9, Issue 2, 1986, pp.133-150.

Motoko Rich, "Pediatrics Group to Recommend Reading Aloud to Children from Birth," *The New York Times*, 2014, p.14.

Naomi Hamer, Perry Nodelman, Mavis Reimer, *More Words about Pictures*, Routledge, 2017, pp.18-28.

2. 생애 처음 사랑을 배우다: 애착

권경인 지음, 『엄마가 늘 여기 있을게』, 북하우스, 2018, 91-99쪽.

박경순 지음, 『엄마 교과서』, 비룡소, 2012, 165-176쪽.

알바로 빌바오 지음, 남진희 옮김, 『첫 6년의 뇌』, 천문장, 2019, 132-145쪽.

오카다 다카시 지음, 이정환 옮김, 『애착 수업』, 푸른숲, 2017, 71-85쪽.

육길나, 김숙령, 「그림책 읽기 상호작용에서의 어머니 행동 특성과 영아의 행동 특성 및 애착 안정성과의 관계」, 유아교육연구, 제29권 제5호, 2009, 95-118쪽.

이민경, 「영아-어머니 애착안정성과 그림책 읽기 상호작용」, 열린유아교육연구, Vol. 8, No. 2, 2003, 161-181쪽.

조나 레너 지음, 박내선 옮김, 『사랑을 지키는 법』, 21세기북스, 2017, 23-47쪽.

존 볼비 지음, 김수임 외 옮김, 『존 볼비의 안전기지』, 학지사, 2014, 23-31쪽.

토머스 루이스 외 지음, 김한영 옮김, 『사랑을 위한 과학』, 사이언스북스, 2001, 99-111쪽.

3. 더 넓은 세계와 소통하다: 언어 발달

마리아 니콜라예바 지음, 조희숙 외 옮김, 『아동 문학의 미학적 접근』, 교문사, 2009, 282-286쪽.

마쓰이 다다시 지음, 이상금 옮김, 『어린이와 그림책』, 샘터, 2003, 112-119쪽.

메리언 울프 지음, 전병근 옮김, 『다시, 책으로』, 어크로스, 2019, 197-225쪽.

박소라, 김정선, 「시각적 문해력 향상을 위한 그림책의 그림 읽기 전략 연구」, 미술교육연구논총, vol 30, 2011, 27-53쪽.

실바나 꽈뜨로끼 몬타나로 지음, 정이비 옮김, 『인간의 이해』, 헥사곤, 2020, 168-179쪽.

윤명화, 「대화식 그림책 읽기가 만 2세 영아의 언어 능력 및 의사소통 능력 발달에 미치는 영향」, 인천대학교 교육대학원 석사학위 논문, 2017, 8-21쪽.

이성엽 지음, 『그림책, 해석의 공간』, 마루벌, 2014, 15-23쪽.

이수지 지음, 『이수지의 그림책』, 비룡소, 2011, 40-53쪽.

임경민, 「말놀이 그림책에 나타난 운율적 특징 분석」, 가톨릭대학교 교육대학원 석사학위 논문, 2017, 21-32쪽.

정현선 지음, 『시작하겠습니다 디지털 육아』, 우리학교, 2017, 77-108쪽.

조명숙, 「그림책 텍스트의 구조적 관계 분석 및 유아 반응 탐색」, 가천대학교대학원 박사학위 논문, 2017, 45-58쪽.

최윤서, 「지속적인 그림책 읽어 주기를 통해 유아의 언어 발달을 경험한 양육자의 내러티브 탐구」, 전북대학교 교육대학원 교육학과 석사학위 논문, 2017, 32-48쪽.

현은자 지음, 『그림책의 그림읽기』, 마루벌, 2004, 62-75쪽.

Martin Salisbury & Morag Styles, *Children's Picture Books: The art of visual storytelling*, 2nd edition, Laurence King Publishing Ltd, 2019, pp.82-89.

4. 생각의 틀을 짜다: 인지 발달

EBS 아이의 사생활 제작팀 지음, 『아이의 사생활1』, 지식플러스, 2016, 40-55·65-67쪽.

곽금주 지음, 『발달심리학; 아동기를 중심으로』, 학지사, 2016, 123-130쪽.

김성우·엄기호 지음, 『유튜브는 책을 집어삼킬 것인가』, 따비, 2020, 65-73쪽.

로버트 시글러 외 지음, 송길연 외 옮김, 『발달심리학 제5판』, 시그마프레스, 2019, 278-302쪽.

메리언 울프 지음, 전병근 옮김, 『다시, 책으로』, 어크로스, 2019, 169-188쪽.

박형주, 「정보 그림책에 대한 부모의 인식과 활용 연구」, 가톨릭대학교 대학원 석사학위 논문, 2013, 8-22쪽.

심현아, 「교육 연극 활동을 통한 인물 이해하기 방법 연구-거울 뉴런 이론의 '모방'을 중심으로」, 서울교육대학교 대학원 석사학위 논문, 2018, 17-18쪽.

정현선 지음, 『시작하겠습니다, 디지털 육아』, 우리학교, 2017, 21-32쪽.

현은자·김세희 지음, 『그림책의 이해 2』, 사계절, 2005, 94-111쪽.

Patricia J. Cianciolo, *Informational Picture Books for Children*, the American Library Association, 2000, pp.1-18.

5. 마음에 말을 걸다: 정서 지능

강은주·김영주, 「부모의 양육 태도에 따른 유아의 정서 지능 차이」, 유아교육보육복지연구, vol.10, no.4, 2006, 113-133쪽.

김낙흥·연규승·오연택, 「유아의 정서 지능과 자아존중감, 문제 행동, 인지 능력 간의 관계 분석」, 유아교육연구, vol.38, no.2, 2018, 447-468쪽.

김희태·김정림, 「부모의 정서 표현 수용 태도가 유아의 정서 지능 및 놀이성에 미치는 영향」, 열린교육연구, vol.20, no.3, 2012, 71-92쪽.

데이비드 셰플러·캐더린 킵 지음, 송길연 외 옮김, 『발달심리학 제9판』, 박영스토리, 2014, 408-418쪽.

로버트 시글러 외 지음, 송길연 외 옮김, 『발달심리학제 5판』, 시그마프레스, 2019, 396-406쪽.

리사 펠드먼 배럿 지음, 최호영 옮김, 『감정은 어떻게 만들어지는가?』, 생각연구소, 2017, 197-217쪽.

신혜선, 「스테디셀러 유아 그림책에 나타난 감정의 이해; Spinoza의 감정론을 중심으로」, 열린유아교육연구, 20^3, 2015, 73-99쪽.

유인숙·김민화, 「그림책을 활용한 감정코칭 부모교육 프로그램의 효과」, 어린이문학교육연구, 17^2, 2016, 21-44쪽.

윤민아·이수연, 「그림책에 나타난 공감 장면 분석」, 유아교육연구, 39^2, 2019, 25-53쪽.

정서연·이보람·홍혜경, 「감정이입적 그림책 읽기 활동이 유아의 정서지능 및 마음 이론 발달에 미치는 영향」, 유아교육연구, vol.35, no.4, 2015, 445-468쪽.

존 가트맨·최성애·조벽 지음, 『내 아이를 위한 감정 코칭』, 해냄, 2020, 98-115쪽.

6. 나를 발견하다: 자아 발달

EBS 아이의 사생활 제작팀 지음, 『아이의 사생활1』, 지식플러스, 2016, 40-55·338-356쪽.

곽금주 지음, 『발달심리학: 아동기를 중심으로』, 학지사, 2016, 264-269쪽.

권택영 지음, 『감정 연구』, 글항아리, 2021, 190-197쪽.

김석 지음, 『무의식의 초대: 프로이트&라캉』, 김영사, 2010, 111-120쪽.

김성희, 「부모의 양육 태도와 유아의 자아 개념 간의 관계」, 숭실대학교 교육대학원 석사학위 논문, 2015, 5-15쪽.

루이스 브레거 지음, 홍강의·이영식 옮김, 『인간 발달의 통합적 이해』, 이화여자대학교출판부, 2003, 19-31쪽.

브루노 베텔하임 지음, 김옥순·주옥 옮김, 『옛이야기의 매력 I』, 시공주니어, 1998, 13-25쪽.

서상문, 「Lacan 거울 단계 이론의 교육철학적 함의」, 교육사상 연구 제25권 제2호, 2011, 69-74쪽.

앨리슨 고프닉 지음, 김아영 옮김, 『우리 아이의 머릿속』, 랜덤하우스, 2011, 172-182쪽.

에릭 에릭슨 지음, 송제훈 옮김, 『유년기와 사회』, 연암서가, 2014, 302-316쪽.

이수지 지음, 『이수지의 그림책』, 비룡소, 2011, 20-31쪽.

정혜영, 「그림책에 나타난 '거울' 오브제의 기호학적 의미」, 한국교원대학교 대학원 석사학위 논문, 2017, 38-55쪽.

카렌 호나이 지음, 정명진 옮김, 『우리 시대는 신경증일까?』, 부글북스, 2015, 42-48쪽.

7. 빛과 그림자를 만나다: 가족 환경

곽금주 지음, 『발달심리학: 아동기를 중심으로』, 학지사, 2016, 418-429쪽.

김주환 지음, 『회복탄력성: 시련을 행운으로 바꾸는 마음 근력의 힘』, 위즈덤하우스, 2011, 42-61쪽.

다이앤 L. 쿠투 외 지음, 김수미 옮김, 『회복탄력성: 실패와 위기에도 무너지지 않는 항체 만들기』, 21세기북스, 2017, 41-46쪽.

브루노 베텔하임 지음, 김옥순·주옥 옮김, 『옛이야기의 매력Ⅱ』, 시공주니어, 1998, 350-364쪽.

손세희·한창근, 「가구 소득이 부모의 양육 스트레스에 미치는 영향」, 육아정책연구, 제10권 제3호, 2016, 117~141쪽.

송태은, 「생태체계 이론에 근거한 유아 그림책 특징 분석」, 총신대학교대학원 석사학위 논문, 2018, 19-24쪽.

앤서니 브라운·조 브라운 지음, 홍연미 옮김, 『나의 상상 미술관』, 웅진주니어, 2011, 122-135쪽.

양정안, 「중산층 가정 유아의 생활 환경과 일상적 스트레스 간의 관계」, 중앙대학교대학원 석사학위 논문, 2017, 21-37쪽.

이영경·김은주, 「백희나 그림책에 나타난 가족의 의미 탄생」, 생태유아교육연구, 제18권 제2호, 2019, 29-55쪽.

이효원, 「그림책 속 음식의 의미: 백희나 작가의 작품을 중심으로」, 생태유아교육연구, 제20권 제2호, 2021, 25-47쪽.

조윤희, 「유아 행복 관련 변인의 구조 관계 분석」, 원광대학교대학원 석사학위 논문, 2019, 18-24쪽.

주현정·최새은, 「그림책을 활용한 스토리텔링 가족 수업이 청소년의 회복탄력성과 부모 자녀 관계에 미치는 효과」, 한국가정과교육학회지, vol. 32, no. 1, 2020, 167-184쪽.

채송아·현은자, 「가브리엘 뱅상의 『에르네스트와 셀레스틴』 시리즈에 나타난 좋은 부모됨」, 어린이문학교육연구, 제21권, 제1호, 2020,

1-28쪽.

최인희·김현주, 「출생 순위 관련 국내 연구 동향: 학술지 및 학위 논문을 중심으로」, 영유아아동정신건강연구, vol. 8, no. 2, 2015, 67-92쪽.

홍예지·이순형, 「유아기 자녀를 둔 어머니의 양육 스트레스, 가족 응집성 및 가족 유연성의 관계」, 육아정책연구 제11권 제1호, 2017, 105~125쪽.

Brian Alderson, *Ezra Jack Keats: Artist and Picture-Book Maker*, Pelican Publishing Company, 1994, pp.105-114.

Jeffrey Kluger, "The New Sicence of Siblings," *Time*, July 10, 2006.

Joseph H. Schwarcz & Chava Schwarcz, *The Picture book Comes of Age*, The American Library Association, 1991, pp.14-19.

8. 내 안에 타인을 담다: 마음 이론

김혜민, 「그림책을 활용한 이야기 나누기 활동이 유아의 또래 갈등 인식 및 해결 방법과 친사회적 행동에 미치는 영향」, 성균관대학교 대학원 석사학위 논문, 2019, 9-23쪽.

박주희·이은해, 「취학전 아동용 또래 유능성 척도 개발에 관한 연구」, Family and Enrivonment Research, 39[1], 2001, 221-232쪽.

박진영, 「유아의 또래 유능성 향상을 위한 그림책 활용 독서치료 프로그램의 개발」, 한국교원대학교 교육대학원 석사학위 논문, 2018, 11-14쪽.

백미열, 「유아 도덕성 증진 프로그램의 개발」, 덕성여자대학교 대학원 박사학위 논문, 2017, 10-38쪽.

브라이언 헤어·버네사 우즈 지음, 이민아 옮김, 『다정한 것이 살아남는다』, 디플롯, 2020, 39-56쪽.

신애선·안경숙, 「마음 이론 내용이 포함된 그림책을 활용한 이야기 나누기 활동이 유아의 마음 이론 발달과 조망 수용 능력에 미치는 효과」, 한국보육학회지, 제18권 제2호, 2018, 17-32쪽.

앨런 슬래터·개빈 브레너 지음, 송길연 외 옮김, 『발달심리학 제2판』, 시그마프레스, 2014, 315-324쪽.

앨리슨 고프닉 지음, 김아영 옮김, 『우리 아이의 머릿속』, 랜덤하우스, 2011, 257-269쪽.

이순복·하명선, 「유아의 정서 지능이 마음 이론과 또래 유능성에 미치는 영향」, 생태유아교육, 제8권 제4호, 2009, 211-233쪽.

정은아, 「또래 괴롭힘을 다룬 그림책의 등장인물과 갈등 상황의 특성 분석」, 성균관대학교 대학원 석사학위 논문, 2018, 68-75쪽.

주수경·정지인, 「마음이론, 인지적 실행 기능, 정서적 실행 기능이 유아의 사회적 행동에 미치는 영향」, 육아지원연구, 제15권 1호, 2020, 23-49쪽.

Joseph H. Schwarcz & Chava Schwarcz, *The Picture book Comes of Age*, the American Library Association, 1991, pp.194-204.

Martin L. Hoffman, *Empathy and Moral Development Implications for Caring and Justice*, Cambridge University Press, 2000, pp.29-62.

9. 성장의 길을 찾다: 놀이

EBS 다큐프라임 제작팀 지음, 『놀이의 반란』, 지식너머, 2013, 33-44쪽.

데이빗 엘킨드 지음, 이주혜 옮김, 『놀이의 힘』, 한스미디어, 2008, 15-37쪽.

루이스 브레거 지음, 홍강의·이영식 옮김, 『인간 발달의 통합적 이해』, 이화여자대학교출판부, 2003, 217-242쪽.

박현경·봉진영, 「그림책에 나타난 상상 친구의 외적 특성」, 한국콘텐츠학회논문지, vol. 20, no. 2, 2020, 265-276쪽.

신미성·현은자, 「창작 그림책에 나타난 아동의 놀이」, 어린이문학교육연구, 2019, vol 20, no 4, 163-191쪽.

이승하, 「유아 또래놀이에서 발견되는 사회 도덕적 가치」, 유아교육연구, 제39권 제2호, 2019, 437-457쪽.

퍼기 P. 휴즈 지음, 유미숙 외 옮김, 『놀이와 아동 발달』, 시그마프레스, 2012, 64-78·102-114쪽.

한수진, 「사실 그림책에 나타난 놀이 유형과 놀이 환경 분석」, 경인교육대학교 대학원 석사학위 논문, 2021, 47-58쪽.

David Lewis, *Reading contemporary picturebooks: Picturing text*, Routledge, 2001, pp.76-86.

그림책 페어런팅

지은이 김세실
펴낸이 김언호

펴낸곳 (주)도서출판 한길사
등록 1976년 12월 24일 제74호
주소 10881 경기도 파주시 광인사길 37
홈페이지 www.hangilsa.co.kr
전자우편 hangilsa@hangilsa.co.kr
전화 031-955-2000~3 팩스 031-955-2005

부사장 박관순 총괄이사 김서영 관리이사 곽명호
경영이사 김관영 편집주간 백은숙
편집 노유연 박홍민 배소현 임진영
관리 이희문 이진아 고지수 마케팅 이영은
디자인 창포 031-955-2097
인쇄 예림 제책 경일제책사

제1판 제1쇄 2021년 12월 17일
제1판 제7쇄 2025년 8월 25일

값 24,000원
ISBN 978-89-356-6886-1 03180

• 잘못 만들어진 책은 구입하신 서점에서 바꿔드립니다.